JN124439

苦手と得意が激しい僕が

好きなことを見つけたら

毎日が楽しくなり

将来が見えてきた

「みんなちがって
みんないい」って
なんだろう？

森下 礼智 著
Morishita　Raito

母　　　　　　　　　　ライト（礼智）

はじめに

　僕は、小さいころから「激しい苦手（短所）」と「激しい得意（長所）」をもっていました。そんな僕が、よくかけられてきたことばは、「みんなちがってみんないい」。

　僕は、このことばを大人の人たちからかけられた時、ソフトに「あきらめろ」と言われているのと同じだなと、さみしい気持ちでいっぱいになっていました。

　それから、「みんなちがってみんないい」の意味と、社会全体がお互いを認め合えるように進んでいくためには、一体どうしたらいいんだろう？と、ずっと考え続けてきました。

　いろいろな人がいて、いろいろな事情がある。

　自分のあたりまえは、誰かのあたりまえではないかもしれない。

　そう、誰もが一呼吸おいて考えてみることができたら、相手の意見を聞いてみたら……自分に何ができるのかを考えてみたら……お互いを尊重し、誰もが生きやすい社会に近づいていけるのかもしれません。

　高校生の僕は、世界を変えることはできないかもしれませんが、今の自分の精一杯で、できることを考えた結果、自分の歩いて来た道を書くことにしました。

　お役に立てるところがあるかはわかりませんが、何かを考えるきっかけにしていただけたら、本当に嬉しいです。

2023年11月　森下 礼智

1部 苦手（短所）と得意（長所）が激しい僕が高校に入学するまでにしてきたこと

1章 みんなとちがって上手くできないことがある
みんなとちがったら学校に居場所がなかった！

2章 自分の脳を知る
僕と同じ共感覚や映像思考をもつ人たちがいた！

3章 僕の苦手（短所）を理解していく
みんなとちがう僕の激しい苦手さに気づいたら

序章・母
息子ライトの
誕生から就学まで

● 天才ライちゃん？

　わが家の長男、ライトは、2007年の早春、東京都内の病院で生まれました。

　親であれば、一度はわが子の将来を、壮大なまでに夢見たことがある人もいるのではないかなと思います。

　当時私は、ライトを外交官にしたい！と思っていました。日本と海外の架け橋となってバリバリ活躍してくれるわが子に育てるぞ！と気合十分で、英語などの幼児教育にも熱心に取り組み始めました。

　まさか、実は自分の子どもが先天性の困難を抱えていて、数年後に外交官どころか、まずは小学校に通うのも大変なほどの深刻な状態になるなんて、思ってもいませんでした。

　ライトは、1歳になり歩き始めると、家中を探索してあちこちを引っ張り出し、自分の世界を順調に広げていきました。その中でも、単に幼児としての無邪気な好奇心だけではなく、あっちから隙間を覗いたり、こっちから覗いてみたり、何かを考え込むような仕草を頻繁に見かけるようになりました。

　また、新しく買ってきたおもちゃの箱の裏の文字や、私が取り出した説明書に急いで近寄ってきて、ジーっと眺めるのです。商品の

ライト1歳

カタログやチラシも、なぜか熱心に眺めていました。

あまりにも字に興味があるように見えたので、3歳になって文字を教えてみることにしました。

白い紙にひらがなを1文字ずつ書いて、カードのようにめくって、1枚、2枚と見せると、ライトは大喜びで「もっと」と言います。それならと、50音全部をどんどんとめくりました。すると、数回くり返しただけで正確にひらがなを全部覚えたのです。アルファベットは、1回カードを見せるだけで覚えてしまいました。

「あれっ？子どもって記憶力が良いって聞くけど、こんなにいいものなの？」と内心驚きました。

さらに、音と文字の一致を理解したライトは、電車に乗っている時に、「うえの」「いけぶくろ」と、通りすぎる駅名を瞬間に読み、私たち大人を驚かせました。読み方さえわかってしまえば、あとは何度も同じ学習をくり返す必要があまりなく、文章も読めるようになりました。

5歳になるころには、いつの間にか複雑な漢字も自然と読めるようになり、中学生が読むような本も理解できるようになりました。

科学の本や図鑑なども大好きで、もうこれ以上読む物がないくらい読みましたが、それらの中身をみんな覚えるのです。

文字の理解の発達があまりにも自然で早かったために、「天才ライちゃん」と呼んでくれた人までいました。

●「なんで、ぐちゃぐちゃに書くの？」

　天才と言ってくれたまわりの評価に対して、私はある不安が大きくなっていきました。

　それは、「この子、"ディスグラフィア゙"があるってことは……ないよね……?」でした。

> ＊ディスグラフィア：発達に遅れがないにも関わらず、文字を読むことはできるが、書くことだけが難しい。LD（学習障害）のひとつ。

　ライトは、読みの能力がすごい速さで成長していくのに比べて、絵を描くことはいつまでたっても発達せず、焼きそばのようにぐるぐると線を描くだけ。5歳になっても、人は人の形では描けませんでした。

　就学が見えてきたので、文字や絵をお手本で教えました。しかし、模写はできるのですが、次の日になるとその形を忘れてしまい書けなくなってしまうのです。

　ある日、保育園の同級生から素朴な疑問として、「ねえ、なんでライト、いつもぐちゃぐちゃに描くの？」と聞かれました。私は、自分の心配を言い当てられた気がしてヒヤっとしました。

　私は、次第に「もしかしたら？……いいえ、まさか……」という気持ちが大きくなっていったのです。

　このころ、3歳年下のライトの妹は、ひらがなを模倣してあっという間に書けるようになっていました。「もしかしたら、私の教え方が悪いのかな？」そう思った私は、学習塾の扉を叩きました。

年中・新幹線に乗る

　先生は、入塾テストで課題をどんどん読んでいくライトに、「将来何になりたいかしら？楽しみね」と言ってくれました。

　しかし、しばらくすると先生から、「ライト君は、もういくらでも文章も漢字も理解できています。これは素晴らしい。でも、見てください、この文字。いくら注意してもきちんと書きませんよ。文字は心を表すって言いますでしょう？こういうやる気のない状態では、うちではお預かりできません。頭がいいからって、大人をバカにしているんじゃありませんか？」と。

　なんと、２つも塾を破門になってしまったのです。それぞれの先生方の反応は似ていました。

　私から見て、ライトは必死で与えられた課題を書いていました。ただ、その必死さは報われた結果にはならず、書く文字は乱れていました。

　また、ある日は書けてもある日は何も書けなくなったりしていたので、文字の記憶を保持することがとても苦手に見えました。

　衝撃を受けると同時に、「このままだと就学後に大変なことになるかもしれない」と思いました。

　私は、「塾で教えてもらえないのであれば、私がやるしかない。自分でできることはできるだけしよう」と思い、ライトがなんとか文字を書けるようにと取り組み始めました。

● 就学相談

　私は、教育に携わる仕事をしていた経験から、LDの中には、読み書きに困難があるディスレクシアだけではなく、文字は読めるけれど、書くことのみが困難な"ディスグラフィア"があることを知識としては知っていました。

　ただ、ディスグラフィアの人が幼少期にどんな様子で、いつから文字が書けない兆候があるのかなどは、全く知らなかったのです。

　「私一人では判断できない……でも、たしかに何かが気になる」。

　万が一の時のためにと考え、ライトが年長の5歳の春、私は就学相談の扉を叩きました。

　就学相談では、発達検査や親抜きの状態での子どもの行動観察、親からの聞き取りを兼ねた面談など、いろいろな項目を総合してお話しすることができました。

　結果は、【お子さんが全く普通なのに、就学相談にまで連れて来た、ちょっと心配しすぎのお母さん】でした。

　ライトは、行動観察ではにこやかに遊び、先生とも会話を楽しんでいました。そして、何より発達検査の結果、IQが標準よりも高かったのです。

　「お母さん、普通級で全く問題ないですよ。まだ5歳ですし、個人差が大きい時期ですから」と、就学相談は打ち切られました。

　LDは、他の障害とあまり重複が見られないケースもあると聞き

年中・親子で

ます。私はそのことを伝え、「今回の検査だと、息子の書字の苦手さがわかりづらいと思うのですが……」と伝えたのですが、「お母さん、心配しすぎですよ」と言われてしまいました。

　毎日息子の様子を見ている私は、一抹の不安が残っていましたが、「こんなに明るくて元気なお子さん、どう見ても心配ないでしょう。そのうち書けるようになりますよ」とおっしゃっていただいて、一度は「大丈夫かもしれない」と思い直しました。

　その後、就学時健康診断でも【問題なし】で、普通級への就学が決まりました。

　就学ギリギリには、忘れてしまうひらがなは「上から下に棒を書く」とか、最初の線を歌で覚えたり、色をつけてイメージで思い出しやすいようにしたりと家庭学習を工夫して、ようやく書けるように習得し、小学校へと送り出したのでした。

1部

苦手（短所）と
得意（長所）が
激しい僕が
高校に
入学するまでに
してきたこと

1 章

みんなとちがって
上手くできない
ことがある

みんなとちがったら
学校に居場所がなかった！

① みんなとちがって、僕だけが書(描)けない

小学 1 年生（5 月）の「母の日事件」

　小学 1 年生の 5 月、「母の日にお母さんにプレゼントする絵を描きましょう」という課題が出ました。

　余白にペンで、【おかあさんだいすき】と書くのはなんとか上手くいったのですが、母の顔は頭の中では、はっきりとまるで今そこにいるみたいに思い浮かべられるのに、どういうわけか絵にするとぐちゃぐちゃになってしまいます。

なんで？
どうして？

一生懸命、なんとかもっとキレイに描こうとするのに、なぜか線もくずれ、記憶が曖昧になって、上手くいかない……。

実際の絵 →

　まわりの友だちは、ごくごくあたりまえに絵を完成させていました。僕だけが、お母さんをキレイに描けない。

教室も暑いし、なんだか一気に悲しい気持ちになって、気づいたら泣き出してしまいました。友だちが先生を呼びに行ったり、人がまわりに集まってきます。僕は、それも余計悲しくなりました。

先生、ライトが泣いてる

うぁー

ぐちゃぐちゃな絵を見られて恥ずかしい……また「わざとふざけてる」と悪く言われるかも……。

　みんなと同じに無難にやりたかったのに、それがどうやってもできなかったことが悲しかったです。

　先生はとてもやさしい人で、ゆっくり僕を落ち着かせて気持ちを聞いてくれましたが、どう説明したらいいかわかりません。

　「がんばっても、普通に描けない……みんなは簡単そうに絵を描いているのに……自分の何がみんなとちがうんだろう……」。

　それから、あまりにもみんなが僕にやさしくしてくれたのでなんだかとても恥ずかしくなり、「僕はもう二度と学校で泣くまい」と決めました。

　その後は、学校でどんなに嫌なことがあっても泣いたことはありません。

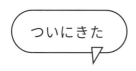
ついにきた

小学1年生の11月、人より勉強ができるんじゃないかと思われていた僕の学習状況に陰りが出始めていました。母は、担任の先生から連絡をもらったそうです。

当時の僕の連絡帳
↓

ライトさん、連絡帳が上手く書けないんです。

母は内心ショックを受けつつも、「やはりそうか……ついにきたな」と思ったそうです。

これは、僕があとで知ったことです。

連絡帳は、最初のころは、持ち物がうわばきだったら「う」と書くだけでしたが、このころには、もっと長いことばを黒板から書き写したり、先生の言うことを連絡帳に直接書く場面も増えていました。

連絡帳が書けない

　このころ、僕は1文字ずつひらがなを書くことはできたのですが、遠く（黒板）を見てから近く（ノート）を見て文字を書き写すのが、特に苦手でした。

ノートと黒板を見比べて書くと、文字と文字が交差してしまい、自分でも読めない字になりました。

　連絡帳の内容が読めない時は、母が僕の友だちのお母さんたちにメールで確認してくれていました。

　母は僕に、「ずっと誰かに、連絡帳はこれで合っていますか？って聞き続けるわけにはいかないよね。ライトが自分で連絡帳の情報を持って帰れる方法を考えてみよう」と提案してくれました。

　そこで、僕が自分で操作できて黒板を撮れるツールとして、"デジタルカメラ"を考えました。

　僕はスマホが欲しかったのですが、そのころ僕の家には、タブレットもスマホもありませんでした。当時の両親は、できるだけ小さいころはICT（コンピュータとネットワークを利用した技術）を遠ざけて育てたいと思っていました。

　母が担任の先生に、「帰りの会で黒板を撮影するためにデジタルカメラを学校に持参できないか」を相談してくれて、先生の裁量によりすぐに OK が出ました。

帰りの会（連絡帳を書く時間）で、はじめてカメラを取り出した時のみんなの反応は、大きな騒ぎにはならず、案外すんなりと受け入れてくれました。

ライトさんは、時どきカメラで黒板を撮ります。

あしたのもちもの
たいそうぎ
ぞうきん

ふ～ん

へ～

らいと、なんで？

らいと？

　黒板を撮影するのは連絡帳を書く時だけだったので、帰りの会の時間に取り出す以外は、デジタルカメラはずっとランドセルに入れたまま過ごしました。

　いざとなれば、連絡帳をデジタルカメラで記録することもできるし、先生は僕がキレイにノートを書けない時も一度も責めたりしなかったので、「自分は連絡帳がとれない」と落ち込まずにすむようになりました。

幸せな毎日だった小学1年生

　このころの僕は、まだテストで100点をとることもありました。

　ただ、テストの前日に一生懸命練習すれば当日なんとか覚えていますが、数日もすると記憶の中でぼんやりしてきて、正確に書けなくなってしまいました。

　僕の学校では、宿題以外に自主的に勉強し、書き終えたノートの冊数が多いことが表彰される家庭学習を全員やっていました。

僕は先生からほめられたかったので、毎日、たくさん、漢字練習をしました。「何度も書けば、きっと覚えられるようになる」と信じていました。

がんばるぞ！

こうして、どんどん使用済みのノートが増えていきました。

　週末は、家族と大自然を満喫できる日々を過ごしていました。

　この、1年生の約1年間までが、学校で人と自分の能力のちがいをそこまで気にする不安が一番少なかった、幸せな時期だったように思います。

　この先に、自分の身に起きるつらい出来事の連続は、まだ予想もしていませんでした。

この先、不利になる苦手を
もっているライト

　実は、入学まであと1カ月という時に、夫の地方転勤が決まり、新しい土地でライトを就学させることになりました。新しい町でいろいろな不安もありましたが、ライトは柔軟に小学校生活に慣れていきました。

　学校の学習の理解も順調で、就学前に思っていた書字への不安は、「私の勘ちがいだったのかな？」と思った時期もありました。

　小学1年生の夏休みは、私にとって忘れられない幸福感に満ちたものでした。毎日、そば作りや草木染、工場見学など、イベントを隙間がないほど入れて、親子で楽しんでいました。

　「心配はもう過去のもので、私の取り越し苦労だった……もう、このまま大丈夫かもしれない……」と思ったほど、小学校生活は順調でした。

　しかし、秋からいよいよ漢字学習が始まると、先生からライトの書字についての相談があり、「これは早い段階でライト自身が自力で解決できるようにしたほうがいい」と考え、デジタルカメラを学校に持参することにしました。

　デジタルカメラを持参することで、書けないことでの不利益や、人に迷惑をかけるのでは？という不安が一時的に取り除かれました。

　デジタルカメラの使い方は、2通りありました。

　ひとつは、撮影した写真をカメラの液晶画面で見ながら、自力で

小 1 ・雨量計測体験

ノートに書く。もうひとつは、文字数が多かったり、時間がない時は、書けるところまで書いて残りは撮影してくる、です。

　注意していたことは、撮影の時には、同級生、先生の顔は絶対に入れてはいけないこと。カメラの管理は自分ですること。帰りの会までは、ランドセルに入れておくことを決めました。

　同級生の親ごさんたちへは、特別な説明を学校も私もしなかったので、私たちがそこまで悩んでいることを知らない人が多かったかと思います。

　日々、手書きで漢字をなんとか覚えようと、宿題を中心にライトと努力していましたが、ノートを書いても数日すると文字を書くために覚えた記憶は曖昧になってしまいます。

　「これだけ努力しているのに……やっぱり書けない……」。

　それは、これから先の長い学校生活で、入試で、時には希望した進路が選べなくなる可能性も……ライトがとても不利になる困難をもっていることでもあります。

　なんとなくもやもやと打ち消していたものから、「たぶん、ディスグラフィアがある……」とライトの困難を確信した時の心の痛みはすさまじく、ことばにできないほどのショックでした。

　まだまだ夢いっぱいの本人を目の前に、「代われるものなら、代わってあげたい……」と、涙があふれて止まりませんでした。

② 心が風邪を引いた

デジタルカメラが使えない

　楽しかった小学1年生の春休みが終わり、僕は2年生になり、クラスの担任の先生が変わりました。

　母は、引き続きデジタルカメラを持っていくために、医師の意見書を持参して、新しい担任の先生にお願いしました。

でも、新しい担任の先生は、

みんな同じ方法でやることがあたりまえです。

ライトさんだけ特別扱いはできないのでダメです。

デジカメを…

　母は、1年生の時の担任の先生との対応のちがいに戸惑っていたそうですが、僕が学校で過ごしていく中で、僕の書字の困難を先生に実感してもらえれば、「なぜデジタルカメラを使いたいと希望するのかを、理解してもらえるかな」と思ったそうです。

　しかし、なかなかそれは上手くいきませんでした。

大きなバツ印

　小学2年生では、書かなければいけない文字数が増え、学校で使用するノートは指定されていて、マス目もだいぶ細かくなりました。

　僕はもう、ノートに書こうとすると文字と文字が交差してぐちゃぐちゃになってしまい、自分でも判読できない状態になりました。

　僕が小さく文字が書けないので、母が先生に、「1年生の時と同じ、マス目の大きい物を使わせていただけないでしょうか？」と頼んだそうですが、それも即答で断られたそうです。

　先生にとっては、書けるベースラインがみんなとはちがう僕の扱いは難しかったのだと思います。とにかく、「がんばればできる、やりなさい、ちゃんとやりなさい、もっと、がんばりなさい」と言い続けられました。

　1年生でノートを積み上げられるほど書いたにも関わらず、記憶には残らず、漢字テストも0点に。

　僕のテストは、一問一問バツをつけなくても、ひと目で正解がひとつもないとわかります。大きくひとつだけ、真ん中に赤ペンでバツを書かれたりしました。

　僕は、怒られることが悲しくて、元気がなくなっていきました。

トイレに数分ごとに行くように

　小学2年生の4月の終わりには、トイレが近くなりました。自分でも、どうしてトイレがこんなに不安になるのか、上手く説明できませんでした。

　ただひとつ、自分でもハッキリしていることは、トイレに行ってもまたすぐ行かないと不安で不安でたまらず……。

　（高校生になった今は、だいぶ経験を積み重ねて、不安との向き合い方を自分なりに考えたことで症状は安定していますが、未だに何か新しいことをする前はトイレに行きたくなることもあります）。

　5月の連休のころには、僕のトイレ不安は尋常ではなくなり、数分に1回トイレに行く状態でした。僕の様子を両親はもう見ていられず、大きな病院に連れて行きました。

　なんと僕は、たった7歳になりたてで、「心が風邪状態」になったことが発覚したのです。

みんなと同じって……

　みんなと同じレベルを要求されるものの、「じゃあどうしたら、みんなと同じにキレイな文字や絵が書けるのか？」、その方法を教えてもらうことができないまま、僕は先生に怒られる機会が増えていき、それを恐怖に感じていました。

　同級生の一部の人たちの雰囲気が、ぐちゃぐちゃな文字や絵を書く僕をバカにするような方向にシフトしていきました。

　僕は、簡単にできることができないし、でも、文字はすごく読めて理解もできるし……それで「さぼっているのかな」と、そんなふうにみんなは思ってしまったのだと思います。

誰かに「助けてください」と言いたいけど……。

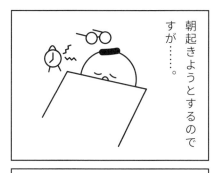

朝起きようとするのですが……。

お腹が…吐き気が…。

それでも、学校は行くものだし、「行きたい」と思っていたので、なんとか行っていました。

もう学校には行けない、行きたくない

　ある日、事件が起きました。帰りの会の少し前でした。僕はあいかわらず文字がキレイに書けず、行動もそんなに素早くできなかったので、みんなの前で先生に怒られて、謝罪を要求されました。

　僕は小さな声で謝りましたが、「声が小さい」と先生からくり返し言われました。

今は、先生が怖いから謝るけど、謝っても、僕はたぶん……字が書けるわけじゃない……これからもずっと、こんな地獄が続くんだろうな……。

声が小さい
声が小さい
声が小さい

ごめんなさい
ごめんなさい
ごめんな…

僕は、涙を流しながら謝りました。謝りながら思いました。

　実はこの時、教室の窓は全開で、母が妹と「僕の学級が帰りの会みたいだから一緒に帰ろう」と、外に立っていたそうです。

　先生の大きな怒鳴り声に足を止め、母は物陰から一部始終を見ていました。母は、はっきりと学校で僕がどういう扱いをされているかを目撃して、かなりのショックを受けたみたいです。

　次の日から僕は、さらに体調が悪化し、「もう学校には行けない、行きたくない」と思いました。

「僕はバカじゃないぞー！」

　その週末、いつものように両親は僕と妹を車に乗せて山に連れて行ってくれました。

　車で気軽に行けるところですが、観光客は春の桜の時くらいしか来ないので、両親はピクニックをする場所として好んでいました。

　車を停めて、家族で少し歩いて遠くまで見渡せるところまで行きました。母が何を思ったのか、遠くに広がる青い海に向かって大声で叫びました。

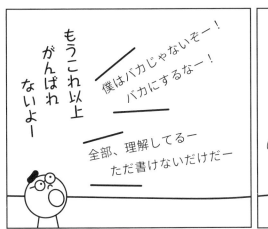 

　遠くから見たら、この人たち大丈夫？って思ったかもしれません。

　大丈夫じゃなかった時だったけど、八方ふさがりでどうにもならずの時に、大きな声で自分の気持ちを言えたのは一生の思い出です。

「苦手の壁」の限界から

　小学2年生になり、書かなければならない文字数が増え、書字の苦手さが決定的となりました。

　新しい担任の先生との連携も上手くいかない中、どんどん日が落ちて夜になっていくように、明るかったライトの笑顔も閉ざされていきました。

　ここまで、私は親としてライトに寄り添ってきましたが、どこかで、「がんばったら書字の問題も乗り越えられるのではないか」と考えていた部分がありました。

　本人も最初はそう考えていた節があり、二人三脚で音から文字の書き方を覚えたり、いろいろな方法を試してきたと思います。しかし、それも苦手さの壁に突き当たり、限界を迎えました。

　私は、ライトが学校に行きづらくなっても、娘が同じ敷地にある幼稚園に行っていたので、毎日小学校の前を通らなければいけませんでした。小学校の校庭で元気に運動する子どもたちを見る時が、とにかくつらくて、「ライトも苦手がない子に生んであげられたら、あそこにいられたんだろうか……」と、悲しい気持ちでいっぱいになりました。

　一方で、いつまで泣いてもいられません。当時、先天性の書字困難を理由に、大学入試でICTの利用がはじめて認められた方が合

小1・きのこ工場見学

格したニュースを見つけました。それは、暗闇に差し込んだ一筋の光のように私には感じられました。

　私は、「今、小学校でICTが使えなくても、使える方法があると思えるだけでライトの不安が少し取れるかもしれない、将来に向けてPCの使い方を教えよう」と決意しました。

　このころライトは、いろいろな物事の「なぜ？」をよりいっそう深く考えるようになりました。

　ある時ライトが、えのきを見て、「なぜ、この白いきのこはみんな同じ形で真っすぐなんだろう？どうやって育ててるの？」と言うのです。調べてみると、ちょうど夏休みに「きのこ工場見学」の無料親子講座があり、参加することにしました。

　ライトは、きのこの育て方に本当に目を丸くして驚いたり、菌床の原料がトウモロコシと知り大興奮したりしていました。

　えのき収穫後の菌床が、機械からトラックで農家の肥料に使うために運ばれて行く様子も見ました。清掃工場の体験に行ってきたばかりだったので、ライトは、「リサイクルされてて良かった！」と喜んでいました。最大の疑問だった、えのきが真っすぐに育つ謎を見ることもできました。

　このように、週末や長期休暇は、学校の外で受けられるいろいろな講座に親子で参加しました。参加し始めた一番の理由は、ライトに「新しい世界」を体験し、知って欲しかったからでした。

3 選択肢が
増えることで

> タブレットと出会う

　小学2年生の夏、僕はタブレットと出会いました。

　両親は、なるべくICTから遠ざけて子どもを育てようと思っていたので、タブレットで学習に取り組むことに最初は迷ったらしいです。ICT系の教育サービスの会社を調べて母が交渉し、有償で個別のニーズに合った相談を受けられる場に申し込みました。

地図
とかです。

どんなことが
好きなの？

だったら、こんな
アプリがあるよ。

僕は、生まれてはじめてタブレットをまともに触り、感動したのを覚えています。

　残念ながら、苦手さを補うためのタブレット学習の方法や学習アプリについては、前例も情報もないことがこの日にわかってしまったそうですが。

特に、３Ｄで街を見られる地図アプリがとても面白く感じ、自分の思考に合っていて、もう夢中でした。

おー
平面の街が
　　立体に
リアルだ〜

楽しくてたまりませんでした。

指で、すーっと拡大すると、

それまでも、幼少期から地図が大好きで地図帳や図鑑をたくさん読んできましたが、紙とデジタルの一番のちがいは「リアル感」だと思いました。

視覚からの理解が得意な僕にとっては、圧倒的な情報量がリアルに出てくるので、とても嬉しかったのを覚えています。

僕は、「タブレットが絶対欲しい！」とがんばって、【サンタさんください】と手紙を書きました。iPad が欲しかったのですが、季節はずれに家に届いたプレゼントは、全然ちがうタブレットでした。

ネット検索などは自由にできず、学習のためのデータが入っているだけの、完全勉強用タブレットでした。

両親は、まずタブレットでの家庭学習を始めるために、タブレット学習を先駆けて導入している学校が採用しているシステムがいいだろうということで、その会社の通信教育を選んで契約をしました。

タブレット学習で、普段の苦労があきらかに

　今まで紙のドリルだった家庭学習が、全部タブレット上でできるようになりました。学校の教科書の会社をモードで選ぶこともできたので、学校の勉強の予習、復習に使うことにしました。

　一番いいなと思ったのは、タブレット上では手書きが前提ではないため、書かなくてもある程度は学習が進むことです。

　タブレット学習には、映像と音声があるので動きがあって覚えやすく、ちょっとしたゲーム感覚で解いていけて面白かったです。

　完璧とは言えなくても、はじめて自分の苦手な要素が取り除かれました。学習そのものより、紙と鉛筆の手段しかないことに自分がいかに苦労していたかが実感できました。

　学習面の手段のところでつまずきまくっていたことがようやく進み出して、学習の「快適さ」「学ぶ楽しさ」を感じられる大変化を遂げました。

タブレットでは、手書きでも筆圧を調整する必要がなく、線の太さも簡単に変えられ、筆圧が弱かった僕には画期的でした。

　手先の不器用さで時間がかかりすぎていた消しゴムを使う作業も、タブレットだとすぐに修正ができ、遅れないですみます。

　文章を書く時、上手くマス目に文字を入れられませんでしたが、打ち込むことで楽に文章が書けるようになりました。

＼ 文字を書く・消す・文章を書く ／

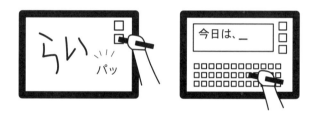

　また、僕はすぐ物を落としたりなくしたりしやすいのですが、タブレットは、中に全部の教科を入れておけるので、忘れずにすみます。以前は、家族との旅行などにいろいろな勉強道具を大量に積み込んで持って行っていましたが、タブレットだと手軽に持って行けます。

　スタートは、書字の苦手さを補うためのタブレット学習だったのですが、楽しいので僕は大好きになりました。これは、高校生になった今も変わらずです。僕の通っている高校は完全にペーパーレスの学校なので、全員がタブレットを使いこなしながら授業や試験が進み、心理的にもっと楽になりました。

タブレット学習を始めて、自分にもできることが証明できたのは本当に嬉しいことです。ようやく、人と同じ、つまりみんなと同じ0の地点に立てたんだと感じられました。

タブレットなどのICT機器がなければ、みんなと同じ地点には立てず、

マイナスの世界に一人でぽつんとして、0にいるみんなを眺めていることになってしまいます。

孤独感は、完全ではないにしてもだいぶ緩和されました。それまでの僕は、「しかたがない……どうでもいい……やっぱりどうでもよくない……なんでなんだ……」という、あきらめの気持ちや絶望感が内心ありました。その葛藤が自分の具合を悪くして、体調不良に陥っていたとも言えます。

僕は、選択肢を得たことで、みんなと同じスタートラインにようやく立てたのです。それは、楽というか、たぶん生まれてはじめて、「これが0の地点に立つ（まわりと同じ方法で公平に授業が受けられる）」ってことなんだなと、大きな安心感を得たのだと思います。

ノートが取れる！情報が持って帰れる！

　小学２年生の９月、担任の先生が変わりました。新しい担任のＴ先生は、校長先生と僕の両親と話し合いをしたあと、タブレットの持ち込みを許してくれました。

　そのころの僕は、タブレットで写真を撮って、そこに手書きでひらがなとか数字で少しメモをするくらいでした。しかし、それだけでも僕の心理的な負担はかなり減りました。

何が書いてあるか
わからないままの
ノートを持ち帰る

情報をタブレット
にちゃんと入れて
持ち帰る

　タブレットには、「情報を持って帰れる！」という安心感がありました。みんなと全く同じようにできなかったとしても、学びに選択肢があるのとないのでは、全く気持ちがちがいました。

　手書きしか選択肢がない時はおどおどしていた僕も、「書ききれないことを記録する方法もある」「ノートは入力でとることも許される」と思うと、朝起きて学校に向かう気持ちも全然ちがいました。「タブレットを持って行ける」たったそれだけで、気持ちが激変して苦しみが和らぎました。

T先生がいてくれたことで

小学2年生でノートのマス目が小さくなって、宿題ももうぐちゃぐちゃになってしまいましたが、T先生はすぐに巨大なマス目のプリントを作ってくれました。

ライトさんが文字を書くのが大変なのはわかるんだ。

でも、これからも名前は一生使うでしょ、少しずつでいいから毎日書いてみようよ。

そこから、漢字で自分の名前を毎日数回だけ書くようになり、なんとかゆっくり大きくなら書けるようになったのです。

僕には文字の形の記憶が長期に残らない困難があるので、しばらく書かないと記憶はぼんやりとくずれていってしまいますが、毎日反復することで、その後の名前を書く機会で書くことができました。

名前を書く機会は本当に多いので、取り組んで良かったと思っています。

2年生の後半は、急に完全には体調は良くはならないものの、T先生がいると思うと、前よりもだいぶ学校に行くのが苦しくなくなりました。

「みんなとちがう」へのアドバイス

　一人だけちがう物を使う人がいたら、誰でも一度は見てみたくなります。タブレットを、一人だけみんなとちがうタイミングで使うと、最初は珍しがられると思います。

　でもそれは、想定内の反応だと思っておくといいと思います。大事なのは、慣れるまで化石のように動かない精神です。

　人と自分を比べてしまうかもしれないけれど、　みんなと同じでありたいという気持ちが強い時はしんどいかもしれないけれど、まずは5日間（1週間）学校で使い続けてみてください。

　不思議なもので、日を追うごとにまわりが慣れていき、最初は特別だった風景があたりまえになり、誰も見に来なくなります。

　案外みんな自分のことで忙しいし、学校はやらなくちゃいけないことが多いから、そこまで一人の人を見ている暇な人はいないから、まわりの風景に溶け込めたら成功なので、がんばろう！

小学3年生になると、また担任の先生が変わりました。タブレットはもう反対はされていなかったし、先生に理解があるのは良かったと思っていたのですが……。

「みんな同じでなければ」という考え方にここでも出会ってしまいました。

学校の給食の時間は、食が細かった僕には恐怖でした。僕は、最初から少な目にもらうことで乗り切っていたのですが、先生はなんとか僕に給食を食べさせようと、みんなが片付けたあとも僕だけ片づけさせてくれませんでした。僕は、なんとか食べようとしますが、もう気持ち悪くて無理です。

どうして、こんなに無理やり食べられない量を食べさせられなければならないのか……。

僕は、決意しました。

給食をいっぱい食べられないと先生にまた怒られる。

学校にいられなくなってしまう……。

だったら、できるだけお腹をすかせて、ごはんは給食以外食べるのをやめる。

小さい子ながらに、どうしたら怒られないかを考えていたのです。

母は、僕が１日１食しか食べなくなったことで涙をこぼしていました。僕が未熟児に生まれて元々体が小さかったこともあり、食が細かったことなども含めて責任を感じたようです。僕の体を心配してあれこれ調べ、当時の僕のような小柄な人に詳しいお医者さんを見つけて、飛行機に乗って病院に連れて行ってくれました。

朝食を食べないと脳に栄養がいかなくて、かえってぼーっとしたりしてしまいますよ。

お医者さんは、食事を抜くデメリットなどを優しく説明してくれました。

　お医者さんからいろいろ聞いていたら、怒られる恐怖のために、わざわざ自分の体を栄養不足に陥らせたりしてまで食事を抜くことが、僕自身「おかしい」と思えてきました。

　お医者さんが、「それはちがう」と言ってくれたことが僕には確信になり、安心することができました。

　病院に行っている間に、僕の机が教室の列からはじき出されて片づけられたり、先生が怒って僕を叩いてしまったり……３年生もなかなか理解に恵まれずやり過ごした形でした。

　個性を尊重するなど、「みんなちがってみんないい」と言われる世の中だけれど、僕の経験したリアルな小学校時代は、このことばからは逆行していることが多かったように思います。

● 不安な気持ち

　僕は、小学2年生の時に体調をくずした件以降、どうも時々、不安のスイッチが入ることがあります。

　あとで自分で冷静に考えてみると、大体は、「なんだ、そこまで思い詰めることはなかったな」ということが多いです。

　それでも、誰だって新しいことは期待もあるけれど、自分でもできるのかなって不安はあると思います。特に、選択肢が少ない学校だと、逃げ場が少ないし、不安は大きくなることもあると思います。

　不安をコントロールするためには、まずは選択肢を増やしていくことは大事だと思います。僕の場合は、タブレットでした。

　それから、自分でできることだけがすごいのではなく、まわりの人に頼って相談してもいいと思います。そうすれば、「これがあるから、いざという時は自分でもできるぞ」など、自分のための安心材料が増えます。

　それでも、どんなに自分が技術を獲得しても、やっぱり「人」の反応が気になります。学校は、一人で過ごす場所じゃないから、まわりは、そんなこと思ってもいないかもしれないのに、不安はどんどんわき出る雲みたいに、なぜか増殖してしまう時があります。

　最近の僕が不安をコントロールする方法は、何かに不安で囚われ出したら、「とにかくまずは深呼吸して、現実的に自分のまわりにあるものに目を向ける」、それだけです。

「え、それだけ？」って思われるかもですが。これ、結構、僕的には効きます。

　不安って、自分の外にあるものじゃなくて、自分の心の中にあるのだと思います。

　不安について考えている時は、外の景色が見えていたり、まわりに人がいるのに、どうしても自分の考えが、常に自分の中の不安にいってしまいがちだと気づきました。

　その思考パターンを休むために、あえてよくまわりを見るのです。例えば、「今日は風がずいぶん吹いているんだな、木が揺れているな」とか、「この時計、こんなに傷があったっけ？」とか。

　そうやって、内側の悩んでいる気持ちじゃなくて、見えるもの、外側の世界で存在していて、自分が見て感じるものに意識を向ける。

　そうしていくことで、どんどん内側にすごい速さで向かっていく「悪い方向に行くんじゃないか？」と不安ばかりを考える思考から抜け出して、自分をコントロールしていく。

　僕はこんなふうにして、不安で自分の中でパニックになりそうになった時、あえていったん不安な思考から離れるようにコントロールしています。

母として思ったこと・3

「苦手さへの理解」から

　ライトが小学2年生の時、様々な学習障害のお子さんたちの相談を受けていた、東京大学先端科学技術研究センターの、「読み書き相談室ココロ」（現在は開催していません）を訪問する機会に恵まれ、読み書きに関する検査を受けました。

　その結果ライトは、「この先、例えば100回書いても、文字を普通に書くことは苦手さのために難しいのではないか」との率直なお話をいただき、自分の能力を補うICTの使い方についてのアドバイスをいただきました。

　この時、「既存の方法を続けていると、子どもに不利益が大きくなる段階になった時が、合理的配慮を導入するタイミング」と教えていただきました。

　紙ベースの学習だけでは、ライトはあきらかに学年相応の学習がしづらく、遅れてしまっていました。私たち夫婦は、「今が、その時だ」と確信し、通信教育用のタブレット、AndroidとiPadの2台を導入することにしました。

　書きたい文字が思い出せなくなることは解決はできませんでしたが、今まで苦手だった"書く作業"そのものが楽になりました。

　また、　視覚からの情報を整理するのが得意なライトには、タブレット学習は楽しかったようです。

小2・学校に行きづらかったころ

　タブレットで視覚的に練習したあとは、紙にも書く練習をしました。また、宿題のノートも手書きするようにしていました。

　算数も、ことばで説明するより視覚からだとすぐにわかるようで、数問で、「もう、お母さん何も言わなくていいから、ただ見てて。僕、わかっちゃった」と喜んでいました。

　そして、理屈がわかると、手書きモードでも自分で式を書けるようになりました。

　書字に問題を抱えていますが、学習内容自体は数字も文章読解も強いライトです。私から何も言わなくても、自分で連続で問題を解いて、100点だったことがとても嬉しかったようで上機嫌でした。

　大量の文字の練習で、毎日「覚えたいよー」と泣きながら練習するライトを見ながら、どうすればいいのかを考えてきました。タブレットを使って、どんどん楽しそうに学習するライトを見て、私自身が嬉しくてたまりませんでした。

　タブレットを学校で使わせてもらえるようにしたいと思っていたタイミングで、担任の先生が体調不良で長期の休職に入りました。

　突然、担任の先生が変わるとわかった時の心の緊張といったら、全てが振り出しに戻ったくらいの絶望感に近いものがありました。

　その根底には、学ぶことをあきらめたくないと思いながらも、新しい担任の先生にライトのことを理解してもらえないんじゃないかと、ものすごく構えていたのです。

　ところが、新しい担任のT先生は、最初に家庭訪問に来てくださった時こう言ってくれました。

　「僕、実は書字に困難のある子どもへの対応ははじめてです。でも、お父さん、お母さん、ライトさんとぜひ一緒にいろいろ試しながら、タブレットの導入もやってみたいと思います！」と。

　「一緒に……やってみたい？」、協力的なそのT先生の一言に、私たち親子はびっくりしました。

　初対面のT先生がライトに理解を示してくださったことで、ライトは「学校に行ってみようかな……僕」、と言いました。

　同じ学校、同じクラスに子どもを送り出すのですが、私は、「今日もみんなと同じにできないことで怒られてしまうのではないか」「もっとライトの体調が悪くなるかもしれない」という恐怖から、次第に解放されていきました。

　少しずつですが、ライトだけではなく親である私も元気を取り戻すことができました。

　困難そのものはすぐに解決できないとしても、学校の先生に「みんなとちがう状態について正確に理解し、そこに寄り添う心」があるかどうかで、こんなにも同じ場所が、恐怖の場から行ってみようかなという場所に変われることを知りました。

　「学校とは、そこにいる人たちがつくるものなのだ」ということを感じました。

2 章

自分の
脳を知る

僕と同じ共感覚や
映像思考を
もつ人たちがいた！

みんなとちがう？
僕の脳

> 物が回転する僕の脳

　僕は幼少期から、物を思い浮かべては、物を回転させながら考えることが好きでした。物を立体的にとらえることができたので、面白いのです。

　小学校で、紙で立方体を作る授業がありました。僕は、なぜ紙を切って立方体に組み立てて、「こうなっていたね」と時間をかけるのかがわかりませんでした。

僕にとっては、物を立体的に考えたり、展開することは、空気を吸うくらいあたりまえのことなのです。

しかく

　僕の場合、物を回転させる時に自分の上下（自分の立つ位置）は回転せずに、物だけを回転させます。

　他にも、物を見聞きして考える時に、常にそれを映像化しながら過ごしてきました。これも幼少期からです。

　現実で見ている景色と頭の中の思考、どっちも見えながら生きています。同時に2つの世界が見えていて、重なっているけれど、2つの世界が1つになっているのではなくて、現実は現実、動画の映像は映像で別々に感じています。

考える時に、その時考えている物が鮮明な動画として目の前にくっきり見えるのです。

　超同時処理だと思いますが、その時に考えている映像を頭の中に自由に出しながら、その映像を見ながら考えている感じです。

　自分が何かを考えている限りは、考えている内容が映像化して流れています。そして、ちがう考えに切り替えたい時に、それを自分の意思で止めたりすることも可能です。

"映像思考"がある脳

　ある時母が、スペインのサグラダ・ファミリア教会を設計した建築家アントニオ・ガウディが、"映像思考"というものをもっていて、彼は、「頭の中で物を思い浮かべて、いろいろな角度から見ることができたのではないか」と書いてある本を読んだのです。

　この時僕は、「多くの人は物を頭の中で鮮明な映像として、立体的に感じたりしないらしい、それを、クルクルと頭の中で回転させていろいろな方向から見たり、切断してみたり、展開して開いてみたりしないらしい」ことを知りました。

　僕の思考の仕方を知ってから、家族で「頭の中で映像が見えるの？見えないの？」という話題で盛り上がりました。僕の家族には、動画が見える人がいないことがわかり、それが僕には相当な驚きでした。

今では頭ではわかっているけれど、やっぱり自分の感覚は自分固有のものなので、目で見る風景の他に、頭の中で考えていることがはっきり動画で見えないって、逆に不思議だなあと思います。

　いろいろな感覚が同時に起動するせいなのか、考えることにだいぶ疲労している時期がありました。
　例えば、僕の小学校は線路沿いにあり、電車の走る音が聞こえました。僕は電車が大好きで、無視できない音です。

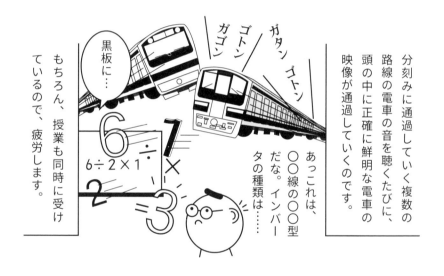

もちろん、授業も同時に受けているので、疲労します。

黒板に…

ガタン
ゴトン
ガゴン
ゴトン

6
7
6÷2×1
×
3
2

あっこれは、○○線の○○型だな。インバータの種類は……

分刻みに通過していく複数の路線の電車の音を聴くたびに、頭の中に正確に鮮明な電車の映像が通過していくのです。

　僕は、数字を見ていても数字以外のことをあまり連想しないことを発見しました。情報が多くなりすぎると、教科書の端の数字を一度見て頭の中をリセットしていました。少しずつ、自分の脳の個性と向き合おうとしていました。

“共感覚”“視覚優位”がある脳

　母は、僕の感覚を理解できなくても、僕がどういう理由でものすごく得意なことや、ものすごく苦手なことがあるのか理解したいと思っていました。

　そのため、専門家の人たちにコンタクトをとりました。その中で、関西学院大学工学部・感性工学研究室の長田典子教授が、僕たちに会ってくださることになりました。

　そのころの僕は、自分の意志とは関係なく、音を聞くと特定の色が見えたり、脳がひとつのことに反応している時に、関係のない他の脳の神経も同時に動いているような感覚がして、気になっていました。長田先生に会い、それが“共感覚”だとわかりました。

長田先生は、とても親切に僕の状況を聞いてくれました。先生も共感覚をもっていて、僕の名前を見て、

黄色が文字の上にかかって見えるね

おおー

森下

　他にも、臭いがしない物にも臭いを感じたり、人の顔に別の人の顔が見えたり、数字に位置や重さを感じる人がいたり、いろいろな人がいることを教えてもらいました。

"共感覚"は、その人それぞれの脳の特性で、「その部分の神経が通常より太くつながっているのではないか？」と、研究の成果から考えられているそうです。

　同じ日に長田先生から、物を頭の中で回転させて考えることができるなど"視覚優位"の人に詳しい、同じ研究室の特任准教授の杉本匡史先生を紹介していただき会うことができました。

先生は、僕が物を回転させて考える時の頭の中の見え方などを、ていねいに聞いてくれました。

立体を理解する人は、工学系で活用している人も多いよ。

そうなのか

物が回転できることについても、個性だということがわかりました。

　研究室では、人にはいろいろな感覚があることがあたりまえで、積極的に語られていたので、僕はとても面白いなと思いました。家族以外と、こんなに回転について話したのははじめてで、楽しかったです。この研究室への訪問から僕は、「人は思っていたより多様だ」と、改めて認識しました。

　多くの人にはない感覚をもっていると、「おかしい」と思われて、「劣っている」と誤解されることもあるような気がします。

　でも、背が高かったり低かったりみんなちがうように、自分の不思議な感覚もひとつの個性として、「これが、僕でいいんだ」、そう思えたことが、一番の収穫でした。

② みんなもちがう それぞれの脳

いろいろなタイプの人と出会い、知ることで

　母は、僕が誰かから「ちがう」と指摘された時に、僕が世界で一人ぼっちのような孤独感を味わうのではなく、堂々と生きて欲しいと思い、「僕と同じ感覚の人」「見える人」と引き合わせたいと、奔走するようになりました。

ロボットやアートなどのジャンルで活躍している人たちと「映像で思考する」ことについて話しをする機会が増え、複数の「見える人」と僕は出会うことができました。

おぉーー

　僕は、小さいうちからいろいろな人と出会えて良かったと思っています。特に、同じような感覚をもちながら少し先の未来を歩いている人たちには、勇気づけられました。

　「異なる感覚があってもなんとか大人になれるんじゃないか」「生きていけるんじゃないか」と、だんだん思えるようになったのです。

　そして、みんな実は感じ方の"幅"があることを知りました。

思考と映像が同時に処理されるタイプの人たちの中でも、考えたことを静止画で見ている人と、ややぼんやり見ている人と、僕のように鮮明な動画も静止画にもできて、そこにあるかのようにくっきり頭の中で見ている人など、いろいろな人がいることがなんとなくわかりました。

　小さいころの僕は、みんなが立っている地点は絶対０で、僕はマイナスにいたり、時にプラスにいたりしてずれているのだと思っていました。でも今は、誰にでも、苦手なことにも得意なことにも"幅"があるのだと理解しています。

　僕は、自分の感覚があたりまえだと信じていましたが、人の数だけ感覚がある、ちがう部分があることに気づきました。
　自分ができないから相手もできないだろうと思うのもちがうし、自分が見えないから相手も見えていないだろうと思うのもちがうし、人をちゃんと理解するって、実は相当大変なことで、難しいことなのだなと思いました。
　だから、家族に僕と同じ"共感覚"や"映像思考"をもった人はいなかったけど、わかろうとすごく努力をしてくれた家族に感謝しています。

相手の困難を想像し、理解し合えるようになれたら

　僕には、文字を書く苦手さの他に、よく忘れ物をする不注意なところがあります。忘れ物をするということは、大人から怒られる機会が非常に増えます。学校の先生からも、当然注意されます。

　怒られたくないと思ってがんばろうとするのですが、残念ながらまた忘れ物をしてしまうというエンドレスです。

　僕が、パラオ共和国にジュニア大使パラオ班として表敬訪問し、滞在した時のことです。

　僕は、滞在の最後の最後に忘れ物をしてしまいました。最後の時期は、一人でホストファミリーの家でホームステイしていたのもあり、自分では部屋を出る時に点検したつもりなのですが、腕時計を忘れて空港に向かってしまったのです。

空港に着くと、ホストファミリーが空港の国際線ターミナル入口まですっ飛んで追いかけて来て、僕を探してくれてビックリしました。

　僕は、僕の忘れ物のせいでせっかくの時間を使わせてしまって、本当に申しわけなく思っていました。

しかし、パラオの家族は、「僕が困るだろう」と察してくれて、渡せたことを喜んでくれたのです。

　僕は、ホストファミリーの善意を受けて、はっとしました。忘れ物は、人類の共通した課題なのかもしれません。そのため、比較的相手の困り感は理解しやすいように思います。
　このように、国籍を越えて人がわかり合えることがあるように、自分にはない感覚でもお互いの悩みや向き合っている課題を知っていくことは、「ちがう」壁を乗り越えていくきっかけになるような気がします。

　ここ数年、少しずつあらゆる多様性について考える報道も増えてきて、人の意識の変革がスタートしていると思っています。
　ただそれでも、人によって多様性への理解度の幅があるのは感じています。理解されないことはとても悲しいですが、新しい時代が始まっているのは確かなので、発信したり、できることを一歩からやっていこうと思っています。

　"ディスグラフィア"や"ギフテッド*"については、日本ではまだまだ認知度があまりないかもしれません。自分はまだ未熟だけど、自分の経験を発信していくことで、少しでも生きやすくなる人を増やせたらと思いました。

> ＊ギフテッド：生まれつきの特性で、平均より著しく高い知性や共感的
> 理解、倫理観などを持っている人を指す用語。多様な定義が存在する。

ライトの謎がひとつ解けて

日に日にいろいろな感覚が同時に出てしまい、疲れていくライトを見ていられず、病院にも相談したのですが、不安感は治療できるかもしれないけれど、固有の感覚については対応が難しいとのことでした。

私には“共感覚”も“映像思考”もなく、また知識もなかったので、世の中にそういう感覚があるとは想像もしていなかったです。

これからライトにどうしてあげたら良いのだろうと……と思い悩み、肩書きも面識もない母である私が、専門の先生方に突然連絡をしても、なかなか上手くいきませんでした。

長田典子先生が私たち親子と会ってくださることになった時は大変ありがたく、ライトを連れてすっ飛んで行きました。

脳のしくみによる感覚の働きを、長田先生にていねいに説明していただき、私ははじめて知った感覚のお話にびっくりしました。

また、頭の中で物を思い浮かべて回転したり切って中身を自由に見たりできる思考については、長田先生からその分野を研究なさっている杉本匡史先生をご紹介いただきお話を伺いました。

神戸への旅は、長年一番そばにいたのに、わかり合えなかった親子が、理解し合えるきっかけになった旅でもありました。

小1・染物体験講座で

　この研究室での出会いをきっかけに、私たち家族はよりいっそうライトを理解しやすくなったのです。本当にありがたいことでした。

　それまで、ライトが自分の感覚を怖がるたびに、私もかなり不安でしたが、先生方にお会いして、ライトの感覚の存在が少し理解できてきて、親として息子の言っていることが理解できない不安が減りました。

　ごくごく普通に、「あら、そう見えるのねー」とさらっと、深刻そうにでもなく、否定もせずに言ってあげられるようになりました。「感覚は人によってちがうことがあたりまえ」の前提の会話が展開できるようになり、肯定的な会話ができるようになったのです。

　そしてようやく、ライトが幼児期に、「ピアノを分解したい」と言っていた意味がわかったのです。ライトには、ピアノの構造が分解しなくても頭の中にくっきりと見えていたのです。それが合っているのか確認したくて、「ピアノを分解したい」と考えていたのです。

　長年の謎がひとつ解けて、嬉しくてたまりませんでした。

　こうして振り返ってみると、つらいことも多かった時期ですが、ライトをより理解できるようになり、嬉しいこともあったんだなと思えます。

小3・海で流木を拾って遊ぶ

　このころは、みんなと同じになれないことで苦しんでいたライトに、実は世の中には、いろいろな人がいるのだと知って欲しいと願い、いろいろな活動をしている人と出会ったり、お話を聞く行動を親子で始めた時期でした。

　ライトが少しでも元気になれたらいいな、という願いからでしたが、思いもかけず私自身がそれまで全く知らなかったような共感覚や映像思考などについて知る機会を得ることができました。

　たくさんの方のおかげで、はじめてライトの感覚の核心に近づくことができた時、幼少期からの行動の謎が全て一本につながった気がして本当に嬉しかったです。

　と同時に、親子ですら、本当のところを「わかり合う」というのは難しいものなのだなと痛感しました。

　「自分らしく生きることは、素晴らしいことだ」。そう生きられたら、と願いながらも、実はぐっと息をのんでまわりを見回して、空気を読まないといけないような、そんな緊張状態がどこか漂っているのが、現代のように思います。

　自分の価値観で一方的に人を判断して傷つけてしまわないように、同じ人はこの世にはおらず、一人ひとりが大切な存在であることを忘れずに生きていきたいと思います。

3 ^章

僕の

苦手（短所）を

理解していく

みんなとちがう
僕の激しい苦手さに気づいたら

1 自分の苦手（短所）を 知るまで

もしかしたら……僕も……

　小学1年生の時、同級生の中でどこからともなく突然「しょうがいしゃ！」と言ってからかうというのが流行り出しました。

　僕は、何かいい場面で使っていないし、とりあえず使わないほうがいいことばだと思い、自分が誰かに言われてもスルーしていました。でも、悪口を言われているみたいで、嫌な気持ちがしました。

　まもなく、クラス全員が集められて、学校の外から来た講師の先生が、このことばの意味をいろいろ話しました。

脳にはいろいろな記憶がしまってある引き出しがあって、そこが上手くすぐに開かなくて、すぐ何かを忘れてしまったり、みんなと同じことができない苦手さがある人もいるということでした。

　僕が強く印象に残ったことは、「簡単には治せない困難もある」「外から見えない困難をもっている人もいて、それも、どんなことに困っているかはみんなちがう」ということでした。
　そのころの僕は、時間はかかったけれど、ひらがなは書けるようになっていました。まだ文字を大きく書いてもいい時期だったので、手書きで書く文字には不便さは自分では感じていなかったです。

金草
青

　ただ、僕はなぜ、こんなに不器用で、なぜこんなに絵が描けないんだろう……。
　なんで、一生懸命に字を何度も書いたり、時間をかけて覚えないと覚えられないんだろう……。
　そういえば、読むことは、難しい漢字も感覚的に読めて、意味がわかるのはなんでなんだろう……。

　学校では、流行はピタリと止まりました。でも、僕は誰にも言えず、この日から少し引っかかるものがあって、自分の中だけで考えるようになりました。
　「もしかしたら、僕は講師の先生が話していたように、みんなと生まれつき何かがちがうのではないか」と……。

小学2年生で配られた手紙が決定打に

　小学2年生になってまもなく、担任の先生からある講演会のお知らせの手紙が、僕を含むクラスの何人かに配布されました。

　それは、保護者向けに書かれた手紙でしたが、この時もう僕は保護者向けのプリントの漢字も全部読めたので、「障害との向き合い方」の講演会があるという内容がわかりました。

　僕は、今までの知識と専門の講師の先生の話から、「自分の苦手は一生治らない脳の特性なんだな」と、ここでわかってしまったのです。

　大人からすると、この時僕はまだ7歳（小2）だから、脳の特性のあるなしなんて子どもは自分ではわからないと思うと思います。

　でも、みんなと何かがちがうという違和感に、僕は1年前の6歳（小1）の時から気がつき始めていました。ただ、とても小さかったから、いちいちまわりの大人に聞かなかっただけです。

はじめてちゃんと母と話し合った

　これは、母から聞いた話です。ある時、僕の同級生たちから僕についてのことを言われて、母は傷つき、泣いて帰って来たそうです。

　それがきっかけで、はじめてちゃんと母と僕は、今まで悩んできた問題について腹を割って話し合うことになりました。

　僕は、「うん、気づいていたよ」と答えました。

　小さな子どもは、無邪気であまり深く自分のことを考えていないイメージがあるかもしれませんが、実は小さいころから、自分の内側で少しずつまわりが見えるようになっていって、心の中でいろいろ考えたりしている場合もあるのです。

2 自分の苦手（短所）を 理解していく

　小学2年生の春休みに、母は僕と妹を連れて飛行機に乗り、おばあちゃんの家に行きました。

　その時に、視覚認知発達センターで「視覚認知発達検査」を受けました。

母は、これらをそこではじめて知ったそうです。

眼球運動がキレイにできない

調節に生まれつき弱さがある

目のピント

僕の検査結果は、

　僕の視力は近視傾向がありましたが、今まで受けていた視力検査だと「異常なし」でした。より専門性の高い検査であらゆる "視る力" を試してみて、はじめて判明したことでした。

苦手（短所）にも、得意（長所）にも理由がある

　僕は、眼球運動が上手くいかないために、黒板などの離れたところから近いところに、スムーズに目を動かすことができず、すぐに視線を移して文字を書くことへの苦手さがあることがわかりました。

　さらに、何かを見てぱっと理解したりすることが、かなり得意なことがわかったのです。

　僕は、空間把握の能力が突出していて、この時 7 歳でしたが、すでに 12 歳以上の空間把握の能力があることがわかりました。

　そういえば、間違い探しなどはすごく得意でした。じっと探しているというよりは、見てぱっと探したいものを見つけるのが得意でした。母は、「ライトの謎がひとつ解けた気がするよ」と言っていました。

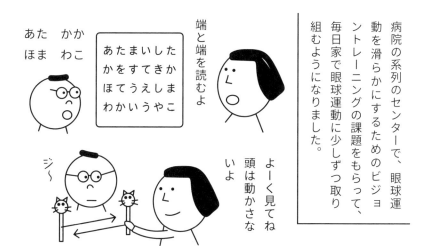

　同じ春休みに、母が当時、南雲明彦さんの本を読み、感想をメールで送っていたことで、僕は南雲さんと会えることになりました。

　南雲さんは、ディスレクシア（読み書きに困難のあるLD）を様々な工夫で乗り越え、全国で講演活動を積極的に行っています。

　この時の僕はまだ幼く、「明るいお兄さんだな」と思っただけでしたが、もう少しあとで、南雲さんの活動の志がどんなに素晴らしいのかや、ここまできっと苦労してきたのだなとかを、少し想像できるようになりました。

　母は、世の中にはいろいろな人がいること、人の数だけ事情があること、みんな同じなんかじゃ本当はないんだってこと、工夫次第で南雲さんのように仕事をしている人もいるってことを、行動で伝えようとしていたのだと思います。

　母はその後も、僕が自分の意思で人と会うようになるまで、様々な人と会って話を聞いたりする機会をつくり続けました。

　このころから、今こうして僕が本を書こうとする気持ちが生まれ始めたとも言えます。

　僕のような苦手さの場合は、なかなか見た目でわかってもらうのが難しいです。でも、見た目でわからなくても、文字に関する苦手さは存在しています。特に、学習が中心の学校生活の場では、とてもつらい思いをしてしまいます。

僕の居場所は、学校にないのかもしれない……。

どうやったら、僕のような困難が、もっと認知されて、目に見える形で人にわかってもらえるのかな。

こんな虚しい思いを、これから日本に生まれる子どもたちがしなくてすむ国にしたい。

　苦手さを目に見える形にして、まわりに知らせることは難しいけれど、一人でも多くの人たちに、困難に気づいたり、どうやってその人を応援したり、支えたらいいのかを考えるきっかけになればいいな、というのが、「本をいつか書きたい」という思いになり、今につながっています。

● 自分と向き合う

　僕は高校生になっても未だに、「こんな手書きもできなくて、ど
うやって生きていくんですか？」「もっと字を書く練習をしたらど
うですか？」と言われたり、咎められることがたまにあります。僕
を心配して言ってくれているんだとは思いますが……。

　そのたびに、今も心の中で傷つくことはあります。眠れなくなる
くらいに……。僕も書いてみたいし、そうできるのであれば、苦労
はしていないので、つらいところです。

　目に見えない苦手さは、「がんばればできるでしょう？」「さぼっ
てるの？」と片づけられてしまうことがよくあるので、そういう時
は、寂しいなと思います。

　今の時代、メガネをかければ、視力を上げることができると多く
の人は知っていると思いますが、「メガネなんかかけて、ずるして」
「自分の視力だけでものを見ないで、さぼって」「どうやってこれ
から生きていくの？」「それでいいの？」なんて、誰もメガネをか
けている人に言わないと思います。

　僕は、いろいろな既存の方法を試して限界があったので、「ICT」
というメガネをかける生き方を選択しています。

　ディスグラフィアについてあまり症状も知られていないことから、
誤解してしまう人が未だに多いのを感じます。

どんなに努力をしても、通常の学習方法だと先天的な理由でほとんど実りがなく、やがて学校に行くことすら苦痛になって、自信を失ってしまうこともありえます。

　僕が苦労している分、ディスグラフィアがそう遠くないいつか、日本でも人から誤解されることを限りなく減らせるようにしたいと思っています。

　理解してくれる人が増えたなら、限界まで頑張っても直すことができない苦手さについて、合理的配慮を使って学習する子どもたちも生きやすい社会になると思います。

　「どうやって生きていくのか？」の問いには、僕は上手く答えられていないかもしれないですが、僕の中では、僕は、僕らしく生きるために、これからも「ICT」を上手く利用し、そして、まわりの人たちにも理解をしてもらえるように、自分でも精一杯努力しながら生きていこうと思います。

　そして、できることなら「ICT」を駆使しながら、自分の好きな分野をきわめて、社会に貢献できる人になりたいです。

ライトへの告知

　ライトが小さいころに読んだ、発達障害の子への「告知」を扱った本には、発達障害の子どもは、「早いと8歳くらいから自分のことに気づく可能性がある」こと、「自分のことに気がつくと、まわりにいる同じような傾向がある人にも気づく可能性があるので、むやみにそれを口にしないように対応する必要がある」ことなどが書かれていました。

　当時は、「こんな小さいころに自分の違和感に気づく子どもがいるのだ」と驚きましたが、それでもライトはまだずっと未来のことだろうと思っていました。

　しかし、ライトと話し合う瞬間は、本当にある日、本に書いてあるより早くに突然やってきました。

　ライトが小学2年生、7歳の時、小学校で怒られることが多く、学校にあまり行けなかった時期に、私はライトの同級生から「ライトがいなくなって良かった」と言われました。

　困難がなく産んであげられていたら、こんなことを言われずにすんだのに……自責の念から、つらくて泣きました。

　家に帰り、部屋の隅で延々と泣いていたら、ライトが、「母さん、僕、みんなとちがうんだろ？」と切り出したのです。「そんなに泣かなくていいよ」と。

　私は、「この先隠しておいても、いずれは自分で調べられるよう

小2・大根収穫体験で

になり、自分のことを知る日がくるだろう。それにもう同級生たちからも、ライトの能力にできることと、できないことの落差が激しすぎて、違和感をもち始めていることが伝わってくる。いずれ、お医者さんから適切な時期に説明してもらうのをイメージしていたけれど、今、子どもがここでこうやって真剣に言ってきたのに、はぐらかすことがライトのために良いのだろうか……」。

　私は驚きましたが、そう考え、一瞬で、「今、ここで話をそらさずに、将来を一緒に話し合っていけるきっかけにしたほうが、ライトの場合はいい」。そう、判断しました。

　しかし、まさか7歳のライトが自分のことに気づいていたとは思いもしていませんでした。

　そして、ディスグラフィアのことをライトに話すと、ライトは私に、「一緒に生きて欲しい」と言ってきたのです。

　この時まで、私の心はがんばろうとしながらも揺れていました。でも、この瞬間に一気に地に足がついたような、覚悟が決まったのです。代わってあげることはできないけれど、一緒に生きていくことはできる。今は、まわりの理解が得られない状況があっても、私は手を離さない。一緒に歩いていくと。

　この日を境に、私は自責の念に駆られる無限ループを脱出し、よりいっそう、どうしたら今より前に進めるのかを考えて行動するお母さんに生まれ変わりました。

家族で苦手さを共有

ライトの生まれつきの苦手さを隠すのではなくて、娘も含めて家族全体で「共有しながらやっていこう」と話し合いました。（母）

僕の家族は、「ディスグラフィア」についてオープンに話し合える家庭にシフトしていきました。

この時は、妹はまだ年中で小さかったけれど、両親は早い段階から理解があったほうがいいと考えて、深刻になりすぎず、少しずつ僕のことを理解できるように妹を育ててくれました。

だから、僕は家の中で誰にも責められないし、すぐ忘れたりするドジなことも、妹もオープンに笑ってくれる感じで、深刻さがないのがありがたいです。（ライト）

4 章

居場所探しの旅
―小学校から
高校受験まで

みんなちがっていい場所は
楽しかった

1 みんなで ククらなくていい場所

学校以外で学習できる場所

　僕は、まったく登校できなかったわけではないのですが、いつも「先生に怒られるかも……」「みんなの前で恥をかくかも……」とビクビクしていたので、家に帰ると疲れて寝込んだりしていました。

　小学2年生の時、両親は、体調をくずした僕が落ち着ける場所がないかと、学校以外の場所を探してくれました。
　母と僕で教育委員会の教育相談に通うことと、病院でリハビリなどを受けることを、母が校長先生と教育委員会に相談して調整してもらいました。

当時、学校を休むことは、「みんなとちがうことをすることで、たぶんよくないことだ」と思い込んでいましたが、

それなら

学校をさぼったことにはならないから安心して

出席と同じ扱いになると言われ、少しだけ心の負担が軽くなりました。

教育委員会を、僕は「ゲームの学校」と名付けていました。行くと、母は女の先生と別室で話しをし、僕は男の先生といろいろなゲームや遊びを、いろいろな話をしながら一緒に取り組みました。

病院では、苦手さに合わせた訓練を作業療法士の先生と1対1で取り組みました。学校に行かないと体育もないので、良かったです。

自宅にいる時間は、母からローマ字を教えてもらいました。ローマ字が読めるようになると、PCで文字を打つ練習を始めました。タイピングソフトをやってみたのですが、お題が楽しくなくて「やめたい」と思っていました。

そうしたら母が、僕の好きなマンガを持ってきて、自分で好きなセリフを選んで打っていいよ「金！」「K・A・N・E」気づいたら、不器用な僕でもぐんぐんローマ字入力ができるようになっていきました。

当時僕は、「世界で一番〇〇シリーズ」に凝っていました。それまでは本を読んで知ることが圧倒的に多かったのですが、タイピング練習の最後には、「好きなものを自分で打ち込んで、1つ検索できるルール」という、最高の楽しみがありました。

知りたくて知りたくてと思っているうちに、手書きで苦しんだ"自分の考えを書きとめること"を、苦労せずにタイピングできるようになっていきました。

好きな場所・1 （連れて行ってもらった）

　小学3年生までは、海がある地域に住んでいました。両親は、県内のあらゆるビーチに連れて行ってくれましたが、僕は家から一番近いビーチが一番好きでした。真っ白な砂浜にいろいろなものが打ち上げられている、お宝ビーチだったからです。

　夏は海に入ることもありましたが、基本的には流木などを使って通信基地を作ったり、ダムを作ったりするのが好きでした。身体を動かして疲れたら、ビーチに座って家族でご飯を食べました。

　特に、冬は閑散としていて、普段は上手く描けないと指摘されるのを気にしていたけど……白い砂浜を何十メートルもの巨大なキャンバスに見立てて、自分としては壮大な世界観の絵を、堂々と描きました。

　週に2日は自分の庭のように、ビーチに行っていました。何より、自分を解放してくれた癒しの場所だったと思います。

　デザインやアイディアに富んだ公園で遊ぶことも好きでした。運動は苦手だけれど、滑り台なら滑ることが怖くなければなんとかなったので、見晴らしの良い景色やスピード感に癒されました。

また、僕はお祭りやイベントがかなり大好きでした。その地域の独自の文化（伝統工芸、伝統音楽など）が初心者でも体験できる企画があったりするからです。

3年生の秋に大きなお祭りで、僕が福引きをさせてもらったら、一等賞が当たって親もまわりの人もびっくりしてくれて、嬉しかったのを覚えています。

ご当地ヒーローのショーを見ることにもはまっていました。公民館の広場とか、デパートの広場とか、公園とか、いろいろなところで同じご当地ヒーローが無料でショーをしてくれました。

面白いと思っていたのは、話が毎回同じではないことや、アドリブでも器用にヒーローたちが話していたことです。

ヒーローショー

暑くなってきた日に、たまたま一番前に座れて見ていたら、

おにいちゃん、そのお茶分けてくれない？

悪役に話しかけられて、びっくりしました。

ご当地ヒーローは、悪役はいるけどどこか間抜けで面白くて、本当の悪者はいないような温かさがありました。郷土の歴史なども織り交ぜたり、方言も取り入れていて、地域の歴史に興味をもつきっかけにもなったと思います。

好きな場所・2 （小学校高学年からは自分で行った）

　僕は、電車に乗ることや電車のモーター音を聴くことが大好きです。母が言うには、はじめての寝言が「ふみきり」だったそうです。きっと、小さいころから夢の中で電車を見ていたのかもしれません。

　小さいころは、主に駅のそばで親と電車を見ていることが多かったのですが、大きくなってからは、自分で乗りたい路線に乗りに行くのが何よりの楽しみになっていきました。好きな路線や、電車を見るお気に入りの場所がいくつかあります。

パンタグラフが
ついている車両も
モーター音が
聞こえやすい

モハの「モ」は、
モーターのモ

→ モハ-123

時間がある時には、乗る場所も同じ電車に乗るならお得（僕にとって）な車両を選んでいます。

　モーター音がしない車両は、僕的には寂しいです。映画やドラマのバックに流れる音楽の効果に似ているかもしれません。電車から見える景色や乗っている感覚とモーター音がセットになると、最高に電車を楽しめて気分が上がるのです。

　好きな音楽と同じ感覚で、モーター音にも好みがあります。聴こえ方（高さ）に幅があるものが、僕にとっては面白くて好みです。

僕は、高い場所から景色を眺めるのも大好きです。

　上から引いて情報を見られることで、道路は通行しやすくなっているか、建物の影は何処まで伸びてまわりに影響するのか、実際の街がどんなふうに構成されているのかが気になり、よく見ています（これは、本の後半に登場するVRで街を作る参考にするためでもあります）。

また、高い場所にいると細かいところは見えず、非日常的な感じなので気分がリラックスして、頭がすっきりする感じがあります。

　幼少期から、僕は意外と家にこもらず外に出ていたわけですが、学校に行きづらかったころは、15時ごろになると、やっぱり同級生たちに姿を見られたくなくて、「早く帰ろう、早く」と、つい母をせかしてしまいました。

　平日は、学校のことを考えると強いプレッシャーを感じていましたが、土日はとくかく思いっきりどこかで楽しく遊べていたので、そこで救われていた気はします。でも、心の中では学校に行きたい気持ちを毎日もち続けていました。

② みんなとちがわなくていい 学校探し

> 様々な小学校を見学

　小学2、3年生の時に家族で、「どんな学びの選択があるのかないのかを、探したほうがいいかもしれない」という話になりました。

　そこで、母の友だちからの情報で、当時先駆けてタブレットや電子黒板を駆使している研究校の小学校に見学に行きました。

最初は感動したのですが、結局、ノートをとったり、テストは全部手書きをしていることが見ていてわかりました。

　僕は、引っ越してまで、「行きたい」という気持ちにはなれませんでした。

　次に、細かいカリキュラムがないフリースクールを見学し、その次には、母と妹と飛行機に乗って私立の学校にも見学に行きました。家から近いインターナショナルスクールの体験入学にも行きました。

しかし、どの学校も僕は、「行きたい」という気持ちにはなれませんでした。

さらに、母は全国のタブレットでの教育が進んでいる他県の学校に問い合わせをしたりしていました。そして、僕や両親はあることに気づいたのです。

最初は、「タブレットが全員に配られてさえいたら、僕でも上手くやれるんじゃないか」と思っていました。

でも、そうじゃなくて、僕の困難がわざとではないと認めてくれて、僕が必要とする時に、手書きとタブレットの併用を認めてくれる姿勢が、寄り添おうとしてくれる先生が、

何より必要なんだ

それがなければ、どんなに素晴らしい道具があっても、前には進めない可能性があるとわかったんです。

様々な学校を見る旅のあと、僕は結局、一周まわってトラウマいっぱいの自宅のそばの小学校に、登校日数を減らしながらも「とりあえず残る」という選択をしました。

無駄足になるかもしれないのに、僕のためにあちこち一緒に見学に行ってくれた親にはありがたい気持ちでいっぱいです。

2016年4月からは、「障害者差別解消法」が施行され、僕の場合タブレットを使うなどの「合理的配慮」が認められるという希望は出てきましたが、これはそれが始まる前の話です。

合理的配慮が義務化に

　小学4年生の新学期から、僕たち家族は父親の転勤で東京に戻ることになりました。ちょうど、「合理的配慮」（バリアを取り除くために対応を必要としているとの意思が伝えられた時に、対応に努めること）が義務化された年でした。

　新しい家は、東京23区の中でもとびきり人が多く行きかう地域です。僕は、ワクワクしていました。だって、東京はいつだって最先端の街だから。それに、僕の大好きな鉄道にもたくさん乗れる。
　不安よりもそんな期待が大きく、東京生活は「きっと楽しいものになるにちがいない」と思っていました。

合理的配慮が義務化となったことで、最初から「ダメダメ」と以前のように断られることはなくなっていました。

合理的配慮
について

春休み、両親と東京の学校の先生方、教育委員会の担当の人たちが集まって、「どうやって配慮をしていくか」など、合理的配慮について打ち合わせをしたそうです。

　だからと言って、もちろん学校は集団生活でもあるし、前例のないことなので、全てが希望通りになるわけではなく、その都度、話し合いは必要でした。

東京の学校では、僕がタブレットをどうして使うのかを、保護者の方々にも説明して理解してもらうことを提案されました。

　僕は、本当は目立ちたくないし、自分のことをいちいち人に言いたくはないけれど、説明が必要ということは理解はしました。

　合理的配慮は、双方向の話し合いで行われるものなので、どちらかの意見だけが通るわけではない、とわかっていたというのもあります。

　親から説明するという案もあったのですが、担任の先生が保護者会で説明することでスタートしました。

　僕は、前の学校から引き続き iPad を持参できることになりました。それは東京でもやっぱり珍しく、最初はみんな見に来ました。

みんなが見に来る現象については、ここでも、景色になるまで、がんばれです。

人間は、必ず慣れて風景の一部になっていきます。いつも同じ光景は、誰も珍しくないから驚きません。そうなるまでが、ひとがんばりです。

　できれば目立ちたくないけれど、僕が逆の立場ならやっぱり興味深々だから、「仕方がない」と思い、珍しいものを見たいと思うみんなの気持ちも理解して、慣れていけるようになりました。

みんなと同じようにできる配慮に感謝

　先生に理解してもらうのに時間がかかったのは、「プリント類を拡大コピーで使用したい」と希望したことでした。

　僕は、簡単な数字や文字数が少ない時は、自分でも努力して手書きでなんとか文字を書こうとします。でも、小さい文字だと書き込めないので、プリントの拡大をお願いしました。

　ここを理解してもらうのが難しくて、僕もがまんしてなんとか配られた普通サイズのプリントに文字を書くのですが、先生は、「あっ、これでも取り組もうとしているな、過剰な配慮はいらないな、これでいいんだ」と誤解されることもしばしばありました。

書き終わったあとは疲れてしまって、次のことが何も頭に入らないくらいにクラクラと疲労してしまいます。

うんがんばってるな

ふー

ん……ん……

実は、一筆入魂状態で必死で集中して、なんとか書いているので、

　半年くらい話し合いを続けて、先生は理解してくれました。

　教科書は、前の学校でも3年生から使い始めた拡大教科書を使用しました。特別に注文して作ってくれる教科書は、文字を拡大するので何冊にもなり、さらに大型で、とても重たいものでした。

新しい教科書になるたびに、職員室から運んでくるのですが、学年が上がると教科書の文字がだんだん小さくなるので、比例して僕の拡大教科書の冊数も増えていきます。

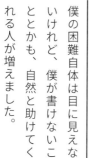

高学年では、みんなが手伝ってくれて、子ども4人がかりで運ぶようになりました。

僕の困難自体は目に見えないけれど、僕が書けないこととかも、自然と助けてくれる人が増えました。

卒業までの3年間、担任の先生が同じだったので、配慮を申請しても「却下されるかも」という毎年の恐怖もなくなり、僕の小学校生活は高学年に向けて少しずつ安定していきました。

でもそれは、僕の努力だけじゃ成り立ちません。みんなとちがうところがある僕を受け入れていくって、みんなも先生もすごいと思いました。

東京の小学校では、誰も僕をからかいませんでした。ちょっと意外でした。担任の先生は、僕みたいなケースははじめてだったそうですが、特別扱いせず、けれど配慮は忘れずにいてくれました。

同じクラスのみんなが、一見普通に見えて結構な苦手をもつ自分を、クラスメイトとして受け入れてくれたこと、今でも感謝しています。僕もがんばったつもりだけど、みんなが普通にしてくれたからこそ、僕が僕でいられたのです。

進学先探し（中学校）

東京に戻って来たころから、ICTを導入した双方向授業（教える側と教わる側の双方向でコミュニケーションをしながら進める授業）をしている私立中学が出てきて、「良い時代がきたな」とワクワクしていました。そんな私立中学の体験などに、イベント感覚で少しずつ見学に行っていました。

でも、結局何校か行って相談会に参加すると、現実はそう甘くないことにも気づきました。

> 見学に行ったり、見学の問い合わせの電話をすると、
>
> 前例もないし…対応が難しいな…どうしよう…
>
> 学校見学会
>
> 対応が難しいので、説明会に来られても……
>
> 「ICTが進んでいる私立中学に行きさえすれば」と思っていた僕は、絶望感を味わいました。

あくまでも、「許可された時に限定的に、みんな同じやり方で使うもの」でした。つまり、僕の困難を補うために、使いたい時に使えるものではないし、テスト（評価）も手書きでした。

小学校生活の数々の困難の中で、僕は自分と向き合い続け、何が自分には必要なのか強く自覚できるようになっていました。

それは、理解だけがあって、「みんなちがってみんないい」と解決方法を探らないこともちがって、"理解"と"合理的配慮が自分で使える環境"の両方が必要だということです。

　そんな中で、登校しづらい人に理解と配慮がある中学校を見学に行き、自分の強い意思でその中学校を受験する覚悟を決めました。
　しかし、まだ関門はあります。出願書類を自分で記入する箇所があり、指定用紙に手書きで書くことになっていました。
　僕は中学校に、「PCで打ってプリントアウトして貼り付けてもいいですか？」と質問すると、「ＯＫ」をもらえました。

不器用ながら、めでたく受験準備を整えることができました。

　代筆でもなく親が代わりに文字を打つでもなく、自分でできたのは、いろいろな合理的配慮の挑戦をしてきて、どの方法なら自力でできるかわかっていたことが大きかったと思います。

　苦手なことも多かったし、時には理解されなかったりの小学校生活でしたが、自立してやりたいと思う僕としては、今まで自分の困難を補おうと努力してきたことがつながった気がして、願書を作成し終わると、胸がいっぱいで涙が出そうでした。

進学先探し（高校）

僕は中学校に合格し、なんとか無事に2年間を過ごしました。いよいよ、中学生活も最後の1年間が始まり、中学を卒業したあとの進路を考えていく時期がやってきました。僕は、いろいろな学校から、自分が学びやすい環境を探すことにしました。

求めた環境は、「苦手がある僕が、合理的配慮として時にICTを使用することに理解があり、できることなら、みんなもICTを普通に使っていて、目立たず過ごせるとなお良い」でした。ICTに特化していたら、僕でもみんなと遜色なく力を発揮できるかもしれないという期待もありました。

また、高校ではプログラミングやeスポーツをやってみたいと思っていました。

そして、通信制の高校を選ぶとしても、学校に行って学ぶほうが集中できる面もあるので、「毎日通える環境」を希望しました。

受験については、僕の苦手にはグラデーションがあり、漢字の手書きも壊滅的で判読不可能になってしまうので、隠してはまずできないし、入学後の理解も必要なので、「最初から自分の苦手を伝えて、受験していいかどうか聞いてみる」というやり方にしました。

でも、ここでも現実は甘くはありませんでした。ICTに特化している通信制高校は増えていますが、やはり、「手書きが困難だと受け入れられません」という学校が多かったです。

　ここもだめか……こっちも受験させてもらえない……と、選択肢が狭まっていく中、通っていた中学校の先生からおすすめの高校を紹介してもらいました。

　僕は、「前例はないけれど受け入れる」と言ってくれた高校と、紹介してもらった高校に見学に行きました。どちらの高校も行ってみると魅力があり、すごく迷いました。

　最終的には、紹介してもらった高校に決めました。

進学先の決めて

1、毎日通えるコースが選択できる。

2、全員がタブレットでレポートや授業を行うのがあたりまえ。

3、教材が視覚的にもキレイでわかりやすい。

4、提携している大学にICTの授業を受けに行けるコースがある。

5、タブレットで自分の学習の進捗状況を管理できる。

　高校のキャンパス長と話しをしてみて、僕の受験を応援してくれているのが伝わってきたのも、決めてのひとつとなりました。

　こうして、受験する高校を決め、無事に合格することができました。本当に嬉しかったです。

● 学校生活

中学卒業式の日、僕は不思議な感じがしました。本当に、僕は学校という場所が結構苦手だったと思います。苦手と得意が激しく、中間が少ない僕にとっては、平均的にやらなければならない学校で逃げ場がないようにさえ感じ、通ってはいたけれど通いづらく大変でした。

僕の9年間の義務教育は、終わりました。小学校の時、みんな書けるスキルがあることがあたりまえの学校で、死にたくなるくらい追いつめられました。あの時から、未だに先を心配しすぎて、何か不安のスイッチが入りそうな時はあります。

僕と同じような悩みがある方へ。もし、そんなふうにまわりの人と自分がちがうことで、悲しみとか、孤独を感じた時、ほんの少しでもいいから思い出してくれたら嬉しいです。

あなたは一人ではないし、今つらくても、これから歩いて行く道は、一つの方法ではなくていろいろな方法があるし、いろいろな道があります。

まわりのみんなと「自分だけがちがう」って気づいた時は、もしかしたらすごく寂しいかもしれませんが、自分の困難を何かで補うことで、同じ場所でみんなと生きていくことは可能だと、僕は個人的に思っています。

僕は、テクノロジーを駆使する方法を選択しましたが、どうする

のがいいのかは、人によってちがうと思います。

　それでも、もし何か、自分の苦手さをテクノロジーで補いたいなと思ったら、まずはできることから始めてみるのも、僕はいいんじゃないかなと思います。

●　僕が新しいことをやる時には

① 困っていることを整理する（既存の方法も練習してみる）

② 学校で困っていることの中で、優先順位をつける

③ 一番困っていることが、どんな方法があれば、苦手さが少しでも緩和できるのかを考えてみる

④ 実際に家で練習したり、試す

⑤ 学校でも、合理的配慮として使いたいと先生に相談する

⑥ 学校で試しながら、みんなと一緒に同じ空間で学んでいくためにも、方法はトライ＆エラーで改善していく

　人と自分のちがいに気づいただけでもショックは大きいと思うので、その落ち込んだところから進んでいくのは、かなりのエネルギーがいると思います。

　だから、新しいことをやる時には、「少しずつでいいんだ」って、「それでもいいよね」って、もししんどい時は、自分に「OK」をあげることも大事だと思います。

ここまでこられたこと

　小学校入学前、明るくてよく冗談を言って笑っていたライトが、就学後に苦しみ出し、体調が悪化した時からしたら、想像以上の未来にこられたんだなと、しみじみ思います。

　苦しいこともたくさんありましたが、道を探し求める道すがら、大きな壁に当たるたびに、理解を示してくださる方々に出会うことができ、私たち親子はなんとかここまでやってこられたのだと思います。

　2022年春は、日本の教育にとっても、大きな転換期を迎えました。生徒一人ひとりがタブレットやPCを活用しながら、双方向授業を行うICT教育を積極的に各学校で行うGIGAスクール構想が、文部科学省の推進によりついにスタートしたのです。

　私は今、通信制の高校で教員をしています。この大転換期には、授業方法、ICTの機器の活用方法、教員は限られた時間で多くのことを学ばなければなりません。

　やっとこんな時代が来たぞとワクワクすると同時に、自分で上手く使いこなしながら、深い学びにつながる授業ができるのだろうか？と焦りもありました。

高校入学式にて

　しかし、すでに ICT を長年活用してきた先輩となったライトが、使い方で戸惑っている私に、いろいろなやり方を教えてくれました。

　驚いたのは、どこで覚えたのか、いつのまにか PC を使いこなしていました。やりたい授業があるけれど、使い方がどうしていいかわからず悩みすぎた私を、ライトが的確なアドバイスで助けてくれたのです。

　かつては、悩んでいる息子を一緒に泣き笑いしつつ、助けていたはずの私が、「こりゃ完全に息子に助けられたな」と感謝しました。

　私は、決して、立派でメンタルが強いお母さんではなくて、時にはずいぶんと泣き虫でした。

　私自身、人と交渉することが苦手なほうでしたから、学校の先生方にライトのことを伝えて話し合うことも、とても緊張しました。それでも、一番つらいのはライトなのだから「母である私が逃げてはいけない」と何度も自分で自分を励ましていた時期がありました。

　節目では前例がないことも多く、どうしていいのか迷いましたが、がんばるライトの様子をそばで見ているうちに、代わってやることはできないけれど、今はそばにいて、一緒に生きていける時間を大事にしよう、そう心から思うようになりました。

　おかげ様で、2022 年春、ライトは高校生になりました。まだ始まったばかりで、少し緊張はあるようですが、使い慣れたタブレットやキーボードをリュックに入れて、毎日高校に通っています。

2部

ギフテッド（？）と
呼ばれるように
なった僕が
大好きなことを
見つけ
将来やりたいことが
見えてくるまで

5章

興味のある

様々な講座や

団体に参加

みんなちがうけど
楽しいと思えた

得意分野も
それぞれちがう

● ギフテッド枠？

　僕は、小学校時代から自分の得意なことや興味のあることを、大学や外部の機関の講座などで受講する機会に恵まれました。そこで得たことは多いです。

　これから紹介する「孫正義育英財団」に合格してからは、僕は"ギフテッド"と紹介されることが増えたと自覚しています。ただ、自分の感覚は生まれつきの固有のものなので、「自分は特別だ」なんて思ったことはないです。

　僕がギフテッドと呼ばれる時は、自分の取り組みや独自の着眼点などについて肯定的にとらえてくださる時が多いです。

　ただ、少し戸惑うのは「なんでもできる完璧な人」「天才だから全てできるはず」と誤解されることです。人が一人ひとりちがうように、ギフテッドと呼ばれる人たちは性格もちがうし、人間なので得意不得意がないわけではないと思います。

　そもそもギフテッドの人も、一人ひとりちがう得意分野をもっていることが多いです。数学が得意な人、語学の人、芸術系の人、いろいろなギフテッドの人がいます。

　生まれつきある分野に高い能力をもつ人たちも、全てに万能では

ないかもしれません。本当に、人それぞれだと思います。

　僕が、「文字が読めるなら書けてあたりまえ」と、文字を上手に書けない困難をなかなか理解してもらえなかったように、何かの枠にはめられてしまうと、正確にその人を理解しようとするスピードを鈍らせてしまうような気がするのです。

　僕は、ひとくくりにできない、枠でとらえることができないからこその"ギフテッド"だと思っています。

　学校の友だちには、ディスグラフィアやできすぎることへのもやもやした気持ちとか、学校の外でしている科学とかプログラミングなどの活動のことは、自分からは誰にも一度も言いませんでした。

　その理由を考えてみると、やっぱり低学年のころに、文字を書きづらいことでいじめられた経験が尾を引いていたように思います。

　当時の僕は、中学受験に向かって勉強している同級生と自分とが、がんばっている方向がちょっとちがうし、自分のいろいろを伝えることで、「変わってる」と思われたり、特別な枠にはめられて、そこからしか僕を見てくれなくなるんじゃないかって、怖かったのかもしれないです。

　ギフテッドにしろディスグラフィアにしろ、いったん何かの枠にはめてしまうと、目の前にいるはずの僕が、僕のまま見てもらえず、友だちがいなくなってしまうんじゃないかと当時は思っていました。学校では友だちと楽しくやっていましたが、その時にみんなが知っていた僕以上には、「みんなとちがう」と思われないように、心の底では緊張していたように思います。

① 僕の「得意（長所）」が 役に立つ場所があった

「宇宙探求ワークショップ」に参加

　学校の外には、子ども向けの講座がたくさんありました。中でも、小学4年生の時、僕の転機のひとつになった講座がありました。

　子どもたちの「話す力」を高めていく活動をしている「一般社団法人 アルバ・エデュ」（https://www.alba-edu.org）とソフトウェア開発会社「サイボウズ 株式会社」（https://cybozu.co.jp）が企画した、「宇宙探求ワークショップ」でした。

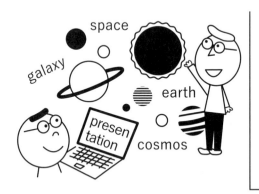

　講座は、テーマに沿った英語のレッスンや、海外の研究者から宇宙について学び、グループワークをして、最後にみんなの前でプレゼンをしました。結構、盛りだくさんな講座でした。

　グループワークは、フロア内に宝探しのようにヒントが隠されていて、課題を解いていきます。いかに早く効率よく回って探し当てるかが、プレゼンの準備時間を多く確保するためのポイントでした。

僕たちは、最初の課題を早くに終えることができました。嬉しかったです。

（吹き出し）
順番に解く必要はない
みんなと逆から回ったら待ち時間がなくて効率がいい
逆から回ろう！

たくさんのグループが、最初の部屋から順番に回ろうとして渋滞していました。僕は、

終わると PC が渡されて、自分たちでプレゼン資料を作ります。みんなはまだパソコンで入力ができなかったため、僕が入力係になりました。はじめて使うプレゼンテーションソフトでしたが、はじめてでもなんとなく操作できました。

　僕は、少し不思議な気分でした。いつもは、僕は学校で考える係で、クラスの誰かしらが書記になって僕の分まで助けてくれていました。内心、「自分でやれたらいいのになあ」と切なく思っていたのです。

　そしたらこの時は、手書きができる人たちのほうが PC 入力がよくわからずにできなくて困っていて、逆に僕はそれができるので、ここでは書記になりました。

　そう、いつもは「大変だね」と思われている僕が、人を助けられるのです。「僕の苦手ってなんなのだろう……みんなが PC とかタブレットを使う世界があればいいのにな……」と、ちょっと考えた出来事でした。

　僕たちのグループは、話し合ってなんとかプレゼンのスライドを作りあげることができました。時間が限られていて、すごく焦りました。

　プレゼンは、投票で上位3グループに記念品が贈られます。僕は、これだけがんばったのだから、自分のグループがほめられたらいいなと思いました。

　プレゼンの最後のスライドに「投票してね♪」と打ち込み、投票をアピールして、聞いてくれた人たちの笑いをとろうと思っていました。

しかし、残念ながら、実際にたくさんの人たちに見られて話すのは、震えがくるほど大変で、

少なくとも僕のパートは棒読み状態になってしまいました。

他のグループには、中学生たちもいて、僕たちよりスライドが細かくて、図があったり見た目もキレイでした。発表もわかりやすかったです。

僕は、他の人たちの話を聞いていて、「自分たちは選ばれないな……」と思いました。そして、その通りになりました。

僕は、平気そうに参加賞をもらって会場を出たのですが、思わず悔しくて、「なんでこの世にプレゼンなんかあるんだよー」とか、いろいろなことを言って泣いていました。

勝負は好きじゃないし、そんなに勝気じゃないから、普段は別にそのあたりは重要じゃないのですが、なんせ、やっとみんなと同じ条件で、PCで発表できる初の機会だったわけです。
だから、みんなに投票してもらって「ほめられたかった」のだと思います。

この気づきは、ターニングポイントになりました。

今の僕は、人から選んでもらえない。人にどうやって自分の考えを上手く伝えるかが、僕には足りないんだ。

プレゼンなんかー

この気づき後は、イベントの大小に関わらず、最後に自分の意見や感想を発表する講座をあえて選んで参加するようになりました。
人前で話すのは得意ではないけれど、場数を踏んで経験値をあげていくきっかけになりました。

2 「一人ひとりちがう」が あたりまえの場所

「DO-IT Japan」に参加

小学4年生の時に母から、「こういうの興味ある？」と言われました。「東京大学先端科学技術研究センター」が主催している、障害や病気による様々な困難を抱える学生が集まって学び、未来のリーダーを育成するプロジェクト「DO-IT Japan」の募集でした。その年、小学生は聴講生の募集があり、合格すればプログラムに参加できます。僕は少し考えて、「受けてみたい」と思いました。

様々な環境にいる人たちに会って、交流して、現状を聞きたい。数年後の中学受験に不安があり、年上の人たちが、どうやって自分の困難と向き合っているかを知りたいと思ったのです。

あと、低学年から相談機関でよく言われ続けた、「みんなちがってみんないい」の答えを、僕はまだ見出せていませんでした。

無事に、聴講生の選考試験に合格できて、参加当日、僕はワクワクしていました。

みんなで集まっていろいろな技術の活用方法を体験したり、「先端研クエスト」という、ペアになった聴講生の友だちと一緒に、東大の中を歩き回って謎を解いていく企画やセミナーへの参加、先輩のプレゼンを聞きながらの交流会など、楽しいことがたくさんある、夢のような1日でした。

「DO-IT Japan」(https://doit-japan.org) は、身体なども含めて様々な困難を抱えた、学ぶ意欲が高い人たちが全国からやって来ていました。共に過ごそうとすると、当然、何が苦手でどうすればいいのかをお互いことばにしたり、自分から相手をなるべく理解しようとしたりします。

いろいろな困難がある同年代の仲間と、ひとつの目的に向かって一緒に行動しようとすると、自然とお互いに知恵を絞って補い合っていました。

この日を境に、僕はハッキリと思いました。

人は人の数だけ事情があって

それは同じではない

「みんなちがってみんないい」、「君も多様性の一人だと思え」と、ただことばで言われた時には納得できなかったことが、ストンと自分の中に落ちてきました。

CHIGATTE MINNA ? MINNA CHIG

ここでは、「一人ひとり事情がちがうことが、あたりまえ」だったからです。

選択肢があれば、僕の未来にも希望がある

　普段の学校の空間しか知らない僕にとって、みんな困っていることがちがう中で、どうやって一緒に過ごすかを考えられる空間は、新しい経験でした。普段は、みんなとちがうことを口にすることに緊張しているので、そこは居心地が良いと感じました。

　僕は、「できることなら、学校のみんなみたいにできたら良かったのに。そうすれば、みんなと自分を比較してもそんなに気に病まず、体調不良にもならなかったかもしれない」と思っていました。
　けれど、それは僕が知っていたひとつの世界の集団でしかなく、世の中はもっといろいろな事情がある人がいて、その中の一人が僕だということを「DO-IT Japan」の経験から学ぶことができました。

　僕は、絶望感が漂っていた自分の未来に、

　大変かもだけれど希望はありそうだ

　と感じることができました。これは、とても大きなことだったと思います。

　選択肢があることが世の中に増えていけば、困難があっても自分のできる方法で挑戦できて、心が折れないで、自分にもう少し自信をもてるようになる気がしました。

104

自立するきっかけにも

小学4年生の時は、他の企画でも東京大学に通う縁がありました。

> ある時、東大の先生に、
>
> 君はちゃんと親から自立しているのか？
>
> バカにされたくないぞ、僕だって自立できるんだ！
>
> 東大に行く時は、もう送り迎えはいらないから。
>
> 子どもとして扱われていた僕には、結構なインパクトがあり、自立スイッチが入り出したきっかけだったと思います。

東京の交通網は複雑だし、電車に乗らない地方で育った僕でしたが、文字や地図を理解するのが非常に得意だし、一人でやってみたいと思ったのです。

母は、かなり心配だったようで、人の少ない日曜日に東大まで僕が一人で通う予行練習をしてくれました。

当時はまだ、地下鉄の多くにはホームドアがついていませんでした。不注意な僕が、ホームから落下する可能性もありました。

そこで、母は地下鉄のホームの柱に注目し、「ホームで電車を待つ時は、柱に背負っているリュックをくっつけて立つこと」を提案してきました。僕はそれを受け入れ、乗り換えるたびにホームの柱に背中をくっつけ、大好きな電車に気を取られてホームの前に出て行かないようにして、一人で東大に通いました。

③ 自分オリジナルの道へ

「ジュニアドクター育成塾」に参加

　小学5年生の時に、「国立研究開発法人 科学技術振興機構」が、理数や情報分野の学習に突出した能力や高い意欲のある小中学生を発掘して、能力を伸ばす機会をつくり育てる「ジュニアドクター育成塾」を始めると、母が教えてくれました。

　全国の採択機関の中で僕が通える範囲に見つけたのは、「科学技術の発展と地球貢献を実現する」という企業理念を掲げている「株式会社 リバネス」の「NESTプロジェクト」(https://lne.st/business/nest) でした。

　僕は、実験などの実技は好きなので参加したいと思いましたが、ディスグラフィアでも試験が受けられるのかが心配でした。母が問い合わせたら、面接試験を受けさせてくれることになりました。

　緊張しましたが見事合格することができ、毎月、実験や研究好きな小中学生と一緒に研究をスタートすることになりました。

　リバネスでは、研究ノートをPCで書くことを認めてくれました。紙に書く方法しかなかったらおどおどして、みんなとの研究に集中できなかったかもしれません。このころの僕には、PCやタブレッ

トなら「人並にものを書ける」自信がある程度ついていました。

　1年目は、大雨の時に排水溝で発電する装置を少人数のグループで研究しました。2年目のマスターコースに合格してからは、いよいよ自分の興味があり、なんとか解決したいと願っている「忘れ物をなくす方法」についてをテーマとすることにしました。

　僕は、忘れ物や落とし物、不注意での失敗が日常茶飯事で、怒られることもしばしばあります。けれど、どんなに気をつけようとしても、また何かしら忘れてしまうのです。

　小学6年生の時に、腕時計みたいにかっこよく身に着けられる、不注意をなくす道具の研究を始めました。僕は、手先も相当不器用で製作には不安がありましたが、なんとかこの不注意について向き合いたいという気持ちがありました。

　僕の指導担当になってくれたリバネスの藤田大悟先生は、電子工作にも詳しく、僕の困難をよく理解して、いつも研究のアドバイスをくれました。藤田先生から、はんだごての使い方、モーターの種類のことなどいろいろなことを教えてもらいました。

研究から見えてきたこと

　僕は、たくさんのものを忘れてしまいますが、ずっと忘れて思い出せない時と、はっと思い出せる時があります。思い出す時には共通点があります。

　例えば、荷物を手で持っていた感覚だったり重さの感覚です。手に鉛筆を握っていると、感覚が研ぎ澄まされる感じでスッキリするし、お菓子の袋はテーブルの上に置くと捨てるのを忘れるけど、毎朝食べるバナナの皮だけは、捨てるのを忘れたことがないのです。

　いろいろ考えてみた結果、何かを覚える時に、手に振動を与えて覚えたら、長く物を覚えていられるかもしれない。という仮説を立てました。

　遂に完成した腕時計のように手首にはめてモーターを振動させる装置に僕は大満足でした。完成した装置は、のちにNHKのEテレ「又吉直樹のヘウレーカ！」で紹介する機会をいただきました。

　最初は、「今から実験します」と告知してから振動を与えて実験してみると、意外と指示を忘れないことがわかりました。

　しかし、装置を着けたことで意識するのか、事前に告知されるから指示を忘れないのかわからない結果となりました。

そこで、あえて実験時間を学校に行く前の一番忙しい時間帯にして、指示を不自然に覚えないようにする工夫をしました。

　けれどある日、母が実験で「〇〇取って」と指示するネタに尽きて、食卓にあったポン酢の瓶を見て、「瓶取って」と言ったのです。

　僕は思わず、「これ？」と言って瓶を触ったのです。そしたらなんと、いつもはさっぱり忘れてしまうのに、夜になっても翌日の朝になっても覚えていました。覚えていた理由は、「瓶」の"ことば"と、つるっとした瓶を触った"感触"からです。

　その後は、振動装置の効果だけにこだわらず、指示されると同時に指示された物を触ったら、記憶が長く継続するのかしないのかの実験をくり返しました。

　結果は、どうも僕の場合は、「覚えようとする物を触ったほうが、長く覚えていられる傾向がある」ということがわかりました。

失敗も案外悪いことばかりじゃなくて、意外とその結果を「なぜなんだろう？」とまた考えていくと、「次のステージに連れて行ってくれるものなんだな」と、実感した出来事でした。

そうか！

なぜだ？

上手くいかない…

　学校のみんなが私立中学受験のために勉強に集中していく中、僕は、「超異分野学会」で発表したり、好きなことを追求したりして、オリジナルの方向へとひた走っていました。

4 チームじゃないと できないこともある

　小学6年生の時、母が「小学生ロボコン」の選考があることを知り、いつものように「興味ある？」と教えてくれました。

　僕は手作り系は苦手なので、とちょっと心配でした。でも、この「小学生ロボコン」（https://official-robocon.com/shougakusei/）は、チームで自由にロボットを作るのではなく、設定されたテーマがあったのです。テーマは、人間が月に行く時代を想定して、「建物を作るために月の石を運ぶロボット」でした。

　僕はそのころ、架空の学校の物語、「まるぴー宇宙工科大学院」（右ページ）を4年生の時から書いていました。当時の僕は、「まるぴー宇宙工科大学院」を再現したくて、線画を書いたり、おもちゃを分解したりしていました。

　そんなところに、ロボコンの話を聞いたのです。テーマに月の石が出てくることに、まるぴーとシンクロしてて楽しそうだなとワクワクしました。

　応募の選考で、「プログラミングが好き」と書いたから、きっとプログラミング係なら雇って（チームに入れて）くれるかもしれないと思いました。

　まるぴー星には、まるぴー宇宙工科大学院がある。ここは、大学院の博士課程に当たる大学院だ。まるぴーたちは、知能が高いことで宇宙の中でも有名だが、実際はさぼっていることも多く、すべての実力を出さずに適当に研究をしている。

　最近では、ロケットをたくさん開発しては月に飛ばし、月の石を研究のためとして回収してはこっそり砕いてガチャガチャカプセルに入れて地球に販売してお金をもうけていた。そして、そのお金は大学院のごみ捨て場や月の影の果てと呼ばれる月の地面の中にも隠して貯めているのだった。

　ある日、まるぴーたちの CD 枠学科の屋上に落ちて来たパラシュートの中に、月の微生物ぴっぴの手紙が入っていた。見ると雪国星の人工知能 YUKIGUNI 軍団が、月を征服して氷で覆ってしまおうというたくらみがあり、かしこいまるぴーたちに助けを求める SOS の手紙だった。まるぴーたちは、別にぴっぴたちの未来に関心はないが、月に隠したお金を氷に閉ざされて回収できなくなると困るので、ぴっぴたちを助けようと見せかけながら時間を稼いでお金の回収をすることにし、ロケットで月に向かう。

　流血沙汰はまずいということで、人工知能 YUKIGUNI とは 4 回勝負でどちらが勝ちか勝負をつけることとしまるぴーたちと人工知能 YUKIGUNI の戦いが始まった。1 回戦：宇宙弁当対決。どちらも個性的な弁当であったが、人工知能 YUKIGUNI が「にくめらぶちりん」という検索にも出ないほど珍しい食べ物を偶然入れてしまったため、まるぴーの消化の調子が良く、まるぴーが勝利する。2 回戦：宇宙クレーンゲーム対決。人工知能 YUKIGUNI はクレーンのアームをたくさん増やしてのぞむ。しかし、まるぴーたちはアームの中心に音のしない強く吸い込める掃除機をつけたため、月の石を早く吸い上げる事に成功し勝利する。3 回戦：宇宙宝探しゲーム。月に 1 本しかない宇宙桜の半径 4 メートル以内に月の石入りカプセルをそれぞれが隠し、早く見つけた方が勝ち。人工知能 YUKIGUNI は地球のことわざ「灯台もとくらし」をヒットし、宇宙桜の真下にカプセルがあると検索する。しかし、まるぴーたちは偽物のカプセルを埋めていたため、なかなか探知機に反応することはなく人工知能 YUKIGUNI は時間をかけて探す。そして、カプセルを見つけた瞬間に・・・まるぴーたちが埋めるふりをして地中へと放した月の石入りカプセルロボは、月の内部を掘り進み月の影の果てと呼ばれる隠し金の金庫にたどりつくが・・・ルーターの線に引っかかってしまい、前後して乗り越えた瞬間、人工知能 YUKIGUNI 軍団が全員ばたっと倒れる。人工知能 YUKIGUNI は月の wifi を使って動いていたため、配線が切れた事で動かなくなってしまった。そこで勝負は終了となり、まるぴーたちが勝利する。

　まるぴーたちは、月の微生物ぴっぴたちからとても感謝されたが、話はこれで終わらなかった。月から回収したお金を乗せたパラシュートがまるぴー星の警察本部に落ちたため、今まで研究費を全額使わなかったり、申請しないで地球でガチャガチャを販売しもうけていたことがばれてしまったのだ。まるぴーたちはぴっぴたちを救い、月を守った事で刑事罰は逃れたが、今までのすべて貯めたお金で無償で働き、月の遊園地を作る事を命じられる。月の遊園地は宇宙でも有名な観光名所となり、月に生きるものたちに新たな雇用すら生み出した・・・・。

ロボコンは、すごい熱気でした。ロボット作りが好きでたまらない人たちがたくさん集まっていて、すごく楽しそうにしていました。年齢関係なく、「みんなで楽しくやってみよう！」という明るい雰囲気があふれていました。

僕は、自分のチームのロボットの「足回り制作係」に抜擢されました。これには内心、「やばいぞ、僕すごい迷惑かけるかも……」と思いました。足回りは、目立たないけれど重要な部分です。

実際には、失敗を誰も怒らないし、アドバイスしてくれたり、一緒にやっていこうって雰囲気がすごくあって、失敗しても、間違えても、

大丈夫だよー

直せばいいよ

話し合いながらやれるので、心が折れることはありませんでした。メンターさん（ロボコンOB）に教えてもらいながら、なんとかできてホッとしました。

ロボコンは、みんなが全く同じものを作るのではなく、基本を応用してオリジナルのロボットを制作するので、試行錯誤はあたりまえの世界でした。

学校では、基礎を学ぶために正解やゴールに向かってみんなが同じことをやるので、失敗は目立ちます。普段は、失敗して笑われな

いようにとか、怒られないようにとか、かなり緊張していた僕ですが、ここでは失敗してもいい、"トライ＆エラーが標準"の世界が広がっていて、細かい作業が苦手な僕なのに、不思議と居心地が良いと感じることができました。

　結局僕たちのチームは試合には負けてしまいましたが、ロボットのアームの形などが評価されて、「アイデア賞」をもらいました。とにかく、めちゃくちゃ参加した感があり楽しかったです。

　大会の前に参加者は、両国国技館で行われた「高専ロボコン」の決勝大会に招待してもらいました。

　ロボットは、かわいかったり、名前がついていたり、面白いなあと思っていましたが、どんなに準備万端で登場しても、なかなか動かなかったり、本番で実力を出し切れないロボットもありました。

大会後、インタビューに答えている参加者の姿を見て、こんなにすごい人たちでも、必死でがんばったのに失敗してしまい、人生って思ったより完璧じゃないし、上手くいかないことは誰にでも起こりえるのかもしれないな……。

　会場は熱気があり、全てをかけて闘っているチームの様子は本気度がすごくて、なんだか感動したのです。あと、「チームじゃないとできないことってやっぱりあるんだよな」と、改めて思いました。

⑤ 「孫正義育英財団」で得意分野が加速

「孫正義育英財団」との出会い

　「人生にはたくさんの転機がある」とよく聞きます。僕にとっても、たくさんの出会いがありました（まだそんなに長く生きたわけではないですが）。

　「公益財団法人 孫正義育英財団」との出会いは、自分の人生を加速させ、視野を広める大切なきっかけになりました。

　「孫正義育英財団」（https://masason-foundation.org）は、2016年12月にソフトバンクグループ代表の孫正義さんが、「未来を創る人材の支援」を目標に掲げて設立しました。

　財団には、世界各国からチャレンジして合格した人たちが所属しています。財団生は、学費等の支援や、財団施設の利用、国内外の大学や企業の研究者の講座で学んだり、財団生との交流などの企画にも参加することができるなど、様々なチャンスがあります。

　財団を知ったきっかけは、やはり母からの情報がきっかけでした。財団１期生の合格のニュースが流れていて、そこではじめて財団の設立を知った母から、「ライト、すごいよね、『孫正義育英財団』だって、ライトもチャレンジしてみれば？」と。

応募条件を見ると、コンテストの受賞歴だったり、学業や研究実績だったりで、ここに行けたら自分の大好きなことを存分にもっている人たちに出会えそうな、ワクワク感がありました。

僕が、小学5年生の時でした。当時の僕のモットーで、「何事も、蒔かぬ種は生えぬ」と思っていたので、合否を考えるまでもなく、試験に挑戦してみることを決めました。

最終選考のお知らせをもらった時は緊張しました。その年の東京のプレゼン会場は、千代田区にある「帝国ホテル」だったのです。

当日のことを考えると、さすがに不安に思う部分もありました。それでも、どうしても僕も仲間に入れてもらって、いろいろな人に出会う機会や自分の視野を広めたい気持ちがありました。

会場に僕が一人で向かって行く別れ際に母は、

ライちゃんは、ライちゃんらしくていいと思うよ。

滅多にない経験だから、楽しんできてね!

日ごろから、手取り足取りではなくて、「自分で考えなさい」をモットーとしてきた母らしい送り出しだなと思いました。

僕は、かなり緊張しながらも最終選考を"自分らしく"プレゼンすることができました。無事に2期生に合格した時は、本当に嬉しかったです。

> いろいろな世界の分野に触れることができる

「孫正義育英財団」では、財団生が集まってイベントに参加したり、外部の講師の方が来てくれて、セミナー形式やワークショップで学べる機会があります。世界の第一線で活躍している様々な分野の研究者や、時には企業の方々も登壇してくれることもあります。

スーパーコンピュータについての講演や、財団生たちのプログラミングやアートについての講座、最先端の研究の話など、自分とはちがう着眼点などをたくさん知ることができて、自分が制作していくうえで考えを整理するきっかけになることも。

実にいろいろな分野のセミナーや講座の募集が頻繁に行われるので、とても楽しみにしています。

財団では、能力を開花させるためのサポートがいろいろあります。どんなサポートを受けるかは、財団生と財団との話し合いの中で一人ひとり決まっていきます。

僕の場合は、学費の面でもサポートをいただきました。また、研究に使うための高性能 PC の購入も支援していただき、自分のニー

ズに合わせて使いやすくカスタマイズした PC を購入することができました。

　それまで僕は、家族が使う PC を使用していて、自分のやりたい 3DCG などではスペックが足りずに固まってしまったりして、しばしば困っていたので、とてもありがたく思っています。

　活動面の支援もあります。

僕は、自分の興味のある分野の研究をしつつ、多様性について考え続けることも自分のテーマのひとつです。

財団から支援をいただいて、福祉系のカンファレンスに参加したりもしました。

　海外で学ぶための支援もいただき、「一般財団法人 国際フレンドシップ協会」が主催する、ジュニア大使パラオ班に参加することができました（P54 で体験を紹介）。

　パラオ共和国に行き、現地政府機関の表敬訪問や地元の学校のみなさんと過ごしたり、日本の外務省の方々とお話ししたりしながら、「戦争と平和と友好とは何か？」を考え続けました。

　こうして「孫正義育英財団」に、自分の成し遂げたいことを応援していただいています。

財団生との交流がお互いの視野を広げている

「孫正義育英財団」には、財団生のみが使える施設があります。高速でネットに接続できたり、たくさんの蔵書を読んだり、自分の研究に没頭できる個室のブースや、共有の広いスペースもあって、快適で近代的な素晴らしい空間が広がっています。

　勉強や研究をしに行くと、偶然会った財団生と話したり、他の財団生とのセミナーや交流会に参加するのも楽しみのひとつです。

　財団では、何かを一から手取り足取り教えてもらうわけではありません。なぜなら財団に入る時点で、大好きな専門分野をそれぞれがすでにもっていて、高い志があり、自分の能力を活かしながら行動している人たちの集まりだからです。

面白かった講座があります。四角いレゴブロックで球体を作るワークショップです。僕は、得意で大好きな分野だったので、

と思ったら、
われながらスムーズにすごい早くできたなー

よし！

みんな、めちゃくちゃ素早く完成してた！

　みんなで構造とか作り方について感想を言い合ったり、とても楽しい時間でした。

そんな様々な才能をもつ人が集まる「孫正義育英財団」を、僕的に簡潔に説明するのに、わかりやすい挨拶のやり取りがあります。

お互い、自己紹介代わりに、

何を目指してるの？何を研究してるの？

専門は何？

こう質問することが結構あります。年齢や学校、住んでいる場所とかじゃなくて。

大好きで力を入れている専門分野があるという点では、年齢などはあまり関係なく、お互いを理解するきっかけのコミュニケーションのひとつとして、このような挨拶になります。

そう、つまりここでは、「みんなちがうことがあたりまえ」だし、「ちがっていい」からスタートし、そのうえでお互いを理解したり、尊重し合おうという姿勢をもった人たちが集まっています。

だから、何かができてしまうと、「生意気だと嫌われるかも」とか、恐れる必要もないのです。僕には、居心地が良い場所なのです。

財団生との交流では、楽しい思い出もたくさんあります。夏休みには、大学生の財団生が合宿を実施してくれました。宿泊しながら、一緒に食事をしたり、花火をしたり、いっぱい話して仲良くなるきっかけになりました。毎年、すごく夏が楽しみでした。

「孫正義育英財団」では、いろいろな興味や専門分野の人がいることが、自分の視野を広げ、お互いの視野を広げるきっかけになっていると僕は思います。

ライトの人生が
楽しくなるように

● ライトが参加したいいろいろな体験・講座

　ライトには、人生を楽しく生きて欲しいと願っています。いろいろな経験をして大好きなものに出会ってくれればという思いと、親子で楽しめる限られた幼少期に、たくさんのチャレンジをして一緒に楽しみたいという思いで、親子でたくさんの講座に出かけました。

　小学生時代に通った定期的な習い事は、科学の実験スクール、英語のスクール、プログラミング教室です。

　休日や長期休暇には、たくさんの講座に行きました。

小5・大学での音楽講座に参加

貝殻アート講座／夜の森の生物を観察／ダンボールでそりを作って滑る講座／ホタル観察／野外ピザ作り講座／野草について学び食べる講座（海バージョンも）／泥染め講座／吹きガラス講座／伝統的な楽器演奏／きのこ工場の見学／空港整備工場見学・飛行機講座／大型段ボールで自分の家を作る講座／羊毛フェルト講座／馬に乗る講座／木の船を漕ぐ／漁船に乗って海から地域を理解する講座／カヤック講座（カヤックは好きで複数回ちがう場所で参加）／干潟で生物の生態を学ぶ講座／村の人たちと大昔の山道を竹の杖で歩く講座／植物染色

体験／燻製講座／化石を学んでレプリカ作り講座／民話を学ぶ講座／郷土の踊りを踊る講座／伝統料理／砂金探し体験／万華鏡作り講座／ガーデニングデザイン講座／野菜の収穫体験講座などなど。

環境がテーマの講座もたくさん行きました。

小2・赤土流出を防ぐ植物を植える講座

リサイクル体験／清掃工場の見学・環境問題学習／水力発電所の見学・学習／海へ土の流入を防ぐための植物を植える講座／自分の住んでいる地域の土の成分を学ぶ講座／フェアトレード講座／ゴミのリサイクル講座などなど。

小学3年生くらいからは、ICT・科学系の講座にも参加するようになりました。

中1・VR作品を制作する講座

プログラミング講座（3DCGを含む）／VR系講座（ジュニア・ソフトウェア・セミナー）／発明スクール（ロボット、電子工作）／ロボットにプログラミングする講座／ドローン操作講座／動画作り講座（複数回）／卵を高い建物から割らずに落下させるコンテスト／ロボット作り講座／掃除機を分解してまた組み立てて構造を学ぶ講座（エアコンも）／日本科学協会サイエンスメンタープログラム（記憶に関する研究）／FORUM 8 DESIGN FESTIVAL／NHK小学生ロボコン／ジュニアドクター育成塾／超異分野学会／孫正義育英財団の講座などなど。

たくさんの講座に行くと、ライトからの反応や感想がいろいろ生まれます。体験直後の「どんなことを感じたのか？」が、ライトからの会話が一番弾む時間でした。

● ライトのために始めた習い事なのに

ライトに定期的な習い事をさせたのは、1歳になってすぐでした。親子で通うグループ形式の英語教室がスタートです。しかし、そこで私が経験したのは、ワクワク感ではなく、みんなと同じことに興味をもたないライトへの焦り、自分の親としての強いプレッシャーだったのです。

英語の歌や音楽に楽しそうに反応する子が多い中、ライトだけが、まるで何かの研究をするようにピアノのペダルを見たり、いろいろな角度から回って眺めたり、CDラジカセをまるで中身を見ようとするように覗いていたり……私が連れ戻すと、申しわけ程度に少し楽しむという感じでした。

私は、「なんとか他のお母さんたちのようにライトと楽しみたい…このままだとまわりからライトが変だと思われそう…どうしよう…」などと、まわりのことばかり気にしていたように思います。

2歳の時には、微細運動や物の構造理解にも役立ちそうと、マンツーマンでレゴブロックを教えてくれるスクールに入会しました。

ここでもライトは、「どうなってるの?」「なんでだ?」と言って、自分が納得するまで仕組みを何度も何度も動かしては確認し、改良をくり返し、作品を作るのに相当な時間がかかっていました。

私は、熱心に取り組んでいる様子に最初は気に留めていなかったのですが、回数を重ねるごとに授業進度の予定から大幅にズレていくライトを見て、ここでも焦りが生まれました。

年中・家族でサファリパークへ

　ピアノ教室では、毎回先生に「グランドピアノの蓋を外して欲しい」と言い、ピアノを弾く時間はとても僅か……しかし、先生の「このペダルと線がつながっていてね……」などの構造の話に、ライトは目をキラキラさせているのでした。

　当時の私は、「ピアノは弾くもので分解するものではない」と考えていたので、何が起きているのかわからず、どうして毎回こうなってしまうのかもわからず、先生に申しわけなくなり、帰り道に無邪気なライトの手を引きながら、涙があふれることもありました。

　結局、4歳くらいまでに、英語、ピアノ、リトミック、レゴブロックと、当時自宅のそばにあった幼児教室に軒並み入会しました。
　しかし、それぞれしばらくは通うのですが、どうもよくわからないけれど、「ライトの視点は（目の付け所が）、他の子どもたちとはちがう部分がある」と気づき、私はこのまま進んでいくべきなのか悩みました。

　これはまだ、ライトにどんな脳の特性があり、何を見ていて、そして、どんな能力をもっているのかに気づいていないころのことです。

● 習い事は、なんのため？誰のため？

　5歳の誕生日を迎えたころのライトは、ますます物の構造に興味をもつようになっていました。

　私は、ようやく気づいたのです。「ライトは、少しまわりの子どもたちとは興味がちがうのかもしれない」と。

　だとすると、どうしたらライトが大好きなものに出会えて、楽しめるのだろうか？」「私がやらせたい、やれたから満足ではなく、ライトが本当は何が好きなのかを知りたい」と思いました。

　また、普通にレッスンについていって欲しい、時間内に普通に課題を消化して欲しいと、自分が焦っていたことにも反省しました。

　高い入会金、月謝、素晴らしい教育コンセプトの先生たち、ライトにそこできちんと楽しくやって欲しいという親の願い……でも、これだとなんのための習い事なのか……本当にこれがいいことなのか？……この焦りはどこからくるのか？……将来ライトにどうなって欲しいのだろうか？……私は立ち止まって考えました。

　「ライトが楽しめればいい」でスタートした習い事の目的からはだいぶズレているなと反省し、「いったん全てをリセットしよう」と思いました。

　そして、1回きりとか、数回で終わるような回数が決められた講座なら、私も精神的に楽だし、入会金なども発生が少ないだろうし、ライトの本当に好きなものを何か見つけられるのかも！と気づいたのです。

小5・ペンシルロケット講座

今までの目標は、「楽しく体験してスキルを習得すること」でしたが、新しい目標は、「体験して経験値を上げること」とシンプルです。

ライトが大好きなものに出会っていくためにも、まずは体験して、新しい世界を経験すればそれでいいと、スキル獲得は副産物くらいに考えました。

「普通に上手くやる」を目標にしなければ、極端な話、参加しただけでもう目標に到達しています。

心から子どもをほめられるし、ライトにとって合わない体験だったとしても、「時間やお金が……」と思わなくていいし、全て元が取れてしまいます。

また、ライトにとっても1回や数回の短期間で終わることは、苦手だと思ったことをやり続けなくていいメリットがあります。

私は、はじめての子育てで、情報に頼りすぎ、前のめりになりすぎて、回り道をしたのかもしれません。

でもここで、習い事をさせる？させない？のプレッシャーからも解放され、ライトも興味のないことに固定されずに、遊びの延長で様々な世界を知るきっかけへとつながっていくことができました。

ここからが、ライトが大量の講座を楽しみ、世界を広げていく時代の始まりになりました。

● 講座は、ライトの好きなことと、予算で決める

　小学3年生くらいまでは、体験することで経験値を上げるのが目標なので、よほどライトが嫌いなものではない限り私が様々な分野の講座を選んで、まずは体験をしていました。

　思春期の入り口にきた4年生くらいからは、本人に講座を提示して、本人が選ぶスタイルにシフトしました。結果的に、ライトが興味のあるICT分野を多く体験することが増えていきました。

　終わったあとのライトの反応を観察して、喜んでいたり、疑問や興味をもっていると感じたら、さらに深い興味に触れられる機会を探したり、サポートして、次につなげていくようにしていました。

　継続的に通う習い事は、ライトが安心して楽しめるとわかったものだけに絞りました。

　小学校時代は、学校がつらくなり始めていました。居場所にもなっていた英語スクールの学童保育と、科学の実験スクールは3年間通いました。

　やりたいことをすべてやらせてあげたいのですが、費用面には限りがあるので、継続的な習い事は予算を決めて考えるようにしました。そうすることで、少数精鋭に選ぶことができ、「あれもこれもやってお金がかかっているのにライトの反応が……」とも思わないですみます。

　予算を意識していくことで、一般的な子育ての情報からではなく、

「ライトが楽しめること」という軸が
確立できたと思います。

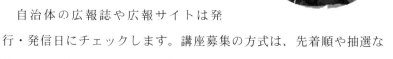
小4・カヤック講座は好きで何度も参加

　限られた予算で、体験を増やすため
にたくさんのアンテナをはりました。
　自治体の広報誌や広報サイトは発
行・発信日にチェックします。講座募集の方式は、先着順や抽選な
どいろいろあります。未だに毎月発行日はワクワクします。
　スーパーなどに行く時は、地元のイベントやお祭りやマルシェが
ないか、必ずポスターやチラシ、掲示板などをチェックしました。
　博物館や美術館などに行く時も、ホームページで体験講座が開催
されていないか事前にチェックしておきます。無料で見られる子ど
ものイベントの告知サイトも、頻繁にチェックしました。

　また、次世代に学びの機会のきっかけをつくるという、社会貢献
のような形も含めて、多くの大学が子ども向けのイベントを開催し
ています。インターネットを中心にライトと一緒にチェックします。
夏休みや春休みなど、長期休みに開催されることが多いです。

　これらの講座は、商業ベースではないため参加費も無料から少額
なものが多いです。
　地域の特産品や郷土料理教室や野菜づくり、環境への取り組み、
時には語学やプログラミングなど、実にいろいろな分野を学ぶこと
ができました。

● 体験や講座には、驚くことがたくさんありました

　小学２年生の時、『小舟でお散歩に行きませんか？』という小さなお祭りのイベントに、偶然出先のチラシを見て参加しました。

　漁師さんに連れられて港に行ったらびっくり、「これがうちの船だ」と言う船には、40センチほど水が溜まり、底は泥で覆われていたのです。

　絶対に無理だろう？……しかし、漁師さんたちは動じることなく、「水をその辺の物で掻き出そう」と、のんびり言ったのです。

　落ちているペットボトルなどで水を掻き出していると、途中からこの状況にワクワクし始め、参加者とことばを交わしながら、みんな一生懸命でした。

　ライトは、決められた方法の中で日々苦しんでいたので、キチキチに計画されていないこのゆるやかな感じや、臨機応変の体験が衝撃的だったようです。

　「ごみも使い方だね！役立ったね！」と、お膳立てされた進行では絶対に味わえない衝撃を体験できたのです。

　さらに漁師さんが、「この船、この人数じゃ動かせないねぇ」と携帯電話でどこかに電話をかけると、あっという間に港に人が集まって来て、大人数で手慣れた手つきで船は海に浮かべられました。

　それぞれが木のオールを持ち、ようやく船は出航したのですが、先導の漁師さんが最後尾のスタッフに向かって、「おーい、ところでどっちに行くんだ？」と叫ぶのです。

小舟漕ぎ体験の時の船

　このやり取りになぜかライトは、「冒険みたいだ！」と大喜び。

　ちょうど、小学校で手書きができない問題から気持ちが塞いでいたのだと思うのですが、「こんなふうにのんびりしてもいいんだな」と、なんだか癒されたようでした。

　その日は快晴で、波が太陽でキラキラして、海は鏡のように静かでした。その静かな海をみんながオールで漕く音だけが聞こえます。

　海の上で休憩している時にライトが、「"きらめく"とかさ"漕ぎ渡る"ってこういう光景なんだね」と言うのです。

　当時、私がよく車で聴いていた曲に"漕ぎ渡る"という歌詞が出てきたので、ライトも音として覚えたのでしょうが、はじめて「ことば」と「体験」が一致した瞬間をこの船で迎えたのです。

　また、イカや魚が自然に泳ぐ様子を観察することもできました。日ごろ、図鑑から得たものが多い知識過多のライトですが、「本物ってこういう感じなんだ～」と理解できて喜んでいました。

　この体験前に期待したことがあるとすれば、「海で小舟に乗ってみる」ことくらいだったのですが、驚くことがたくさんありました。

　ライトが、「僕、絶対無理だと思ったけど、人が集まって協力するパワーってすごいね」としみじみ言っていたことも印象的でした。

● できないことではなく、できることが光る時

　私が今、ギフテッド教育について語れることはあまりないと思っています。なぜなら、そもそもライトがギフテッドだとは全然思うことはなかったからです。

　幼少期は、ライトは書字の困難やそれにまつわる体調不良が大きなウエイトを占めていました。私は、ライトが毎日体調が悪く、元気がなくて必死な時期に、「ライトがギフテッドでもある」という事実を意識する余裕がありませんでした。

　書字の困難や、忘れやすさの困難を抱えながら、ライトをどうやって自立まで育てていくのか、どうやったらみんなと同じ環境で学ばせてもらえるのか、居場所を見つけられるのか、そこからのスタートでした。

　子育てのヒントを求めて、ガムシャラにいろいろな分野の先生方のお話を聞きに行っていた時代に、強く胸を打たれたことばがあります。

　それは、「ありのままの自分とは、そのままの状態の自分だけではなく、努力して自分を磨いていった先に、はじめて見えてくる自分のことでもある」ということばでした。

　ライトは、合理的配慮のスキルを一つひとつ身につけたり、自分の特性と向き合い折り合いをつけていき、できない方法を提示された時はある程度自己開示をして、交渉できるメンタルをもつところまで育っていきました。

小3・FORUM 8 DESIGN FESTIVAL 平澤宏平

　そうしてはじめて、ライト自身がもつ"できないこと"ではなくて、"できること"が光ってきました。

　そんな時期に、「孫正義育英財団」のみなさんともライトは出会えました。同じように様々な専門分野をもち、がんばるみなさんと交流できる機会をいただけていることを、本当に嬉しく思っています。

　日本では、2023年度からはじめて文部科学省で特定分野に特異な才能のある児童生徒の教育に予算がつけられ、新しい支援の試みがスタートしました。

　これまで日本では、どうしても一律で進むのがあたりまえでした。

　しかし、ギフテッドに生まれた子どもたちにとっては、それがつらかったこともあると思います。

　NHKのドキュメンタリー番組で、「欧米では、ギフテッドの子を社会で育てて、その恩恵をみんなで享受していこうという考え方がある」と紹介されていました。

　もちろん、どういう進路や人生を選ぶかを決めるのは、本人の意思が何より大切ですが、社会がギフテッドの生き方、選択を肯定する空気があることは、素晴らしいなと思いました。

　時間がかかるかもしれませんが、日本でもギフテッドへの理解が深まっていくことを願っています。

● もう、送り出すことだけ

　高校2年生の夏、ライトと大学の説明会に参加しました。この日は、本当に久しぶりに二人で出かけた珍しい日でした。かつては、小さかった子どもたちとの体験講座や遊びのスケジュールの書き込みで真っ黒だった私の手帳は、予定がない休日も増えていました。

　ライトは大学の説明会で、様々な分野の取り組みの紹介や、在校生や先生方のお話しに目を輝かせていました。

　私は、ふと、いよいよ長かった子育ての終わりが近づいていることに実感がわき始め、自分の手帳に一言、「できることはもう送り出すことだけ」と書いたのです。

　私は、最終的に将来どの道を選ぶのかを決めるのは、ライト自身であるべきだと思っています。なぜ自分がそれを選ぶのか、しっかり答えられる理由をもっているなら、あとは応援するだけです。

　昔、ライトが小さかったころ、子育ての情報の渦の中で迷い悩んだ時に、「ライトに将来どうなって欲しいのだろう？」とよく自問しました。今なら、こうハッキリ言えます。「ライトがライトらしく、元気に生きていけること」。それ以上の望みは、ありません。

　これから先、大変なこともたくさんあるかもしれませんが、自分の苦手さの補い方、得意なことを理解し成長したライトは、今までの体験を糧に、自分の力で道を切り拓いていくと信じています。

6章

僕の世界が

詰まった

プログラミング

みんなちがって
みんな生き方は
それぞれでいい

● プログラミングの面白さ

「プログラミング」と聞くと、「難しそう」「絶対自分には無理だ」「できない」とよく言われます。けれど本当は、プログラミング自体はもっと身近なものだと僕は思います。

実は誰でも、ある意味プログラミングしながら1日を生きていると思うのです。自分でやりたい目標（ゴール）に対して、どうやって達成するかの手順の計画を立て実行していく、それで上手くいかなかったら修正してみる。僕たち人間の毎日は、そのくり返しだと思います。

プログラミングの一番すごいところは、ないものを作り出せることではないかと思います。

すでにいろいろなゲームやサイトや、AI搭載ロボットなどがありますが、それは誰かが作ってくれたものです。

それらを使っていて、「自分だったらこうするのに」「ここ、使いづらいんだよなあ」と思った時に、プログラミングは言語を入力してコンピュータに指示を出していくことで、今まで存在していなかった新たな仕組みを作ることができます。

● プログラミングには、たくさんの言語がある

　ここで簡単に僕が紹介するプログラミングは、コンピュータがわかることば、「プログラミング言語」を使って指示を組み立てて入力する方法のことです。

　プログラミングは、実にいろいろな言語があります。難易度は言語によりますが、仕組みは似ている部分もあります。
　僕は、たくさんのプログラミング言語を使ってみて、自分が好きな言語、あまり好きではない言語があることがわかりました。

　僕の場合は、はじめは代表的な言語を１つ覚えて、そこから新しい言語を学ぶ時に、大体「ああ、これはこういう意味で、こっちの言語ではこう使うんだな」とか、知っている言語の知識からあたりがつけられるようになり、学ぶのが楽になっていきました。
　入力が全て英語や数字になると、最初は大変ですが、慣れはくるので大丈夫でした。

　いろいろ体験してみて、１つのソフトや言語だけを知っているより、「いろいろなやり方と知識を組み合わせて作品を作っていく」という段階がくるのだなと思いました。
　結果今は、より精度の高いリアルな３DCGに興味をもつようになり、独学で作るようになりました。

① プログラミングと出会う

　僕がプログラミングをスタートしたのは、小学2年生の時、「Scratch」（スクラッチ）というソフトからでした。

　これが、僕とプログラミングの最初の接点になります。
　「Scratch」は、ひらがなで簡単な指示を書くとすぐに再生して動きを確認できます。難しいことをしているという抵抗はほとんどなく、敷居はとても低かったと思います。

絵や写真を入れたり、ゲームや作曲などいろいろできます。初心者でも取り組みやすいし、自分の考えたものを書いて実行して、どうなったか結果を検証できるので、論理的思考の経験も得られたと思います。

　ただ、逆に簡単すぎて（本当は「Scratch」だって相当なことができて奥が深いのですが）かっこいいとか、面白いから毎日やろうというスイッチはまだ入りませんでした。

　母の知人家族が会いに来てくれて、プログラミングの本をプレゼントしてくれなかったら、僕のその後の人生はだいぶ変わっていたかもしれないなあと思います。

● Scratch

●「ブロックパレット」に指示を書いてはめていきます。さらに「Blender」で作った京都の街中の小道を背景に合わせて。

●マウスを動かすと猫がついてきて、どんどん、その軌跡に猫が増えるプログラムに。

大好きな要素が全部入った VR 「UC-win/Road」

「ジュニア・ソフトウェア・セミナー」に参加

　小学3年生の時は、もうだいぶPCの入力作業に時間がかからなくなっていました。夏休みに東京に戻った時に、母は様々なプログラミングの講習会に連れて行ってくれました。その中で、僕の大好きな要素が全部入った世界に出会ったのです。

　きっかけは、地図アプリでした。当時の僕は、地図も鉄道も3Dも大好きでした。そんな僕に、「ぴったりそうな講習があるよ。興味ある？」と母が聞いてくれたのが、建築をしたり、街づくりもできる仮想現実（VR）のソフト、「UC-win/Road」を扱っている「株式会社 フォーラムエイト」の子ども用のイベント、「ジュニア・ソフトウェア・セミナー」（https://www.forum8.co.jp）でした。

　「UC-win/Road」は、VR作品を作れるかなり専門的なソフトですが、子どもが使いやすいジュニア版もあります。

　はじめてのことが多かったですが、建築物や鉄道が大好きなこともあり、自分なりの街を作れることが嬉しくてたまりませんでした。

　物を回転して考えたりするのが大好きな僕は、VRの世界観は自分に合っていたと思います。「UC-win/Road」との出会いが、よりいっそうプログラミングに興味をもつきっかけになりました。

　セミナーには、小学3年生から中学3年生まで毎年参加しました。

● UC-win/Road

●スタジアムや海遊館のモデルなど、大きめのモデルを活用し、駅の近くの交差点や多数の住宅などで街を表現。（小3）

●クリーンエネルギーで稼働する近未来都市「トーストマイタウン雪国」。風力発電の風車を多数設置。（小4）

● 天候を変えたり、昼や夜などのモードを変えることも可能。大好きな夜景を楽しめるように作った作品。（小4）

● 建物の内部まで作り込んでいけるようになり、「雪国王国」を設定。その中にある大人気の鉄道博物館。（小5）

僕にとっては、建築ゲーム 「Minecraft」

　小学4年生の時、早稲田大学で子どもたちにいろいろなプログラミングを学ばせてくれるイベントが開催されました。

　世界的なプログラミング言語からマイナーな言語までが一同に集まっていました。

　その時、はじめて本格的な英数字のプログラミングをやってみて、「これは面白い！」と思いました。

いろいろなプログラミング体験のブースを回る中で、スウェーデン大使館が開催していた「Minecraft」（マインクラフト）の講座を見つけました。

これは、面白そうだな。

　しかもこのイベントには、制作の目標が設定されていました。「SDGs」の17の目標の説明を受けたあと、その中から目標を選んで、「サスティナブル（持続可能な）な未来都市をマインクラフトで作る」という深いテーマでした。当時は、まだ学校などでも「SDGs」をやっていなかったころでした。

　僕は、「4・質の高い教育をみんなに」と「10・人や国の不平等をなくそう」について強い興味をもちました。

「Minecraft」ははじめてだったし、時間がなくて難しいものは作れませんでしたが、ICT がめちゃくちゃ進んだ学校を作りたいと夢中で時間を過ごしました。楽しかったです。

日本には、「犬も歩けば棒に当たる」ということわざがありますが、幸運という意味で、「僕も歩けば、新しい世界を知る」みたいな感じで、体験講座に出かけるたびに何かしら出会いや発見がありました。

4 年生の終わりに、「Minecraft」の建築チームプロジェクトの募集が都内の大学でありました。参加には、決められたテーマの建物の作品を作り、提出して、選考に受からなければいけません。僕は、何度も選考のテーマになった建物を見に行きました。

がんばって作っていたのですが、データが重すぎて提出締め切り2日前にデータが壊れてしまい、頭が真っ白になって泣きました。

締め切りまでは、残り2日。

あきらめるか？
リトライするか？

かなりのショックの中で、選択する必要がありました……。結局、リトライしました。

全部は戻せなかったけれど、新たに作品を作りあげて、プロジェクトに合格できました。良い思い出です。

僕は、この「データが壊れた事件」をきっかけに、作品のデータ管理の大切さを痛感しました。

「Minecraft」で僕が感じる特徴は、遊び方に決まりがないことだと思います。ラスボスみたいなキャラを倒しにいくプロセスを楽しむやり方や、自由に建築をする遊び方もあります。

　四角立方体をどんどん積み上げていくことで、自分の世界観を作ることができます。

　好きな場所を自分で決めて定住して、家を建築したり、野菜を育ててみたり、いろいろな遊び方を考えられます。

　ゲームの中には時間軸があり、昼になったり夜になったりする風景を楽しむこともできます。

　物を回転させるのが好きな僕にとっては、いろいろな角度から自由に世界を回転して見られることも気に入っていました。

● Minecraft

● 10分間ハウス（10分間で積んだ家）。「インベントリ」（右）の中で、アイテムを選んで気軽に建築物を作れます。

●いろいろな角度から眺めたり、建物の中に入って眺めたりもできます。

プログラミングスクールに通う

　僕は、小学3年生から中学まで、渋谷のプログラミングスクールに通っていました。

　以前数回通ってやめてしまったスクールは、先生が「次このボタンを押して」と、手取り足取り教えるスタイルでしたが、ここでは、わかりやすいマニュアルが配られました（後にオンラインマニュアルに進化）。

　僕は、一斉授業より視覚からマニュアルなどで理解するほうが早く学習できるタイプなので、自習スタイルが合っていたと思います。自分のペースで進めることができました。

　当時は、本格的なプログラミングを始めたばかりだったので、わからなかったり打ち間違えた時は、自分で調べると時間がかかっていました。

　スクールでは、先生にすぐ聞けて教えてもらえるので、修正が早く、

ここはこうすると

あ！そうかそんなやり方が

家で一人でやるよりも、心が折れずにすみました。

僕がスクールに通う最大のメリットは、自分が必要ないスキルは知らないままになりやすいですが、スクールでは、自分が作ろうと考えたことがないプログラムも書くので、知識や技術の幅が増えることです。

　プログラミングスクールの場合は、みんなスキルがそれぞれちがうので、当然作っている作品もちがうし、優劣を比較されることも特になく、居心地は良かったです。

　中学生になり、系列の中高生のスクールに移動しました。

このころは、休日は丸々1日スクールに通い、新型コロナウイルス流行前は、大学生や受講生たちと昼休みにご飯を食べに行ったり、雑談をしたりしました。

作業は個別でも、人と一緒に過ごす休日が僕は結構好きで、楽しんでいたと思います。

　スクールのイベントでは、選抜された人に課題が与えられ、「課題をプログラミングで解決できないか？」を考えたり、パワーポイントでプレゼンをして、他の人の提案について意見を言い合うディスカッションなどを体験しました。

　苦手でペースダウンしてしまう手書きがなくても、ICTのスキルだけで参加できたこと、当時の最先端の学びの機会があったことが、良かったと思っています。

② 3DCG に出会う

　僕は、 3DCG が学びたかったことをきっかけに、小学 5 年生から「Unity」(ユニティ) に長く取り組んでいます。「Unity」は、ゲームエンジンです。マルチプラットフォームに対応しているので、様々な機器で使えます。

● Unity

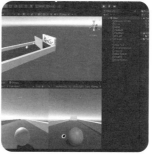

●いろいろな使い方がありますが、僕の場合は、C # を使って作りたいゲームの動きをプログラムを書いて作っています。

　中学 3 年生の終わりごろ、僕はそこまでゲーム作りが大好きというわけではなくて、「ゲーム < 回転が好き」だから、 3DCG のとっかかりとして「Unity」を選んでいたことにようやく気づきました。

頭の中の世界を再現できる 「Blender」

　僕は、小さいころに興味をもったソフトをいろいろ学んでいく延長線上で、「質感などがよりいっそうリアルで、精度の高い3DCGを作りたい」と強く思うようになりました。

　3DCGには、ソフトがいろいろあります。「Unity」を長年やっていたことで、C#の言語などは書けるようになっていました。よりリアルな世界観を描けることを目標に、次のソフトの勉強へと中学3年生の後半で移行していきました。

　そして、ネットをいろいろ見ていて、「Blender」(ブレンダー)と出会いました。オランダの非営利団体が開発をしている、無料で使用できる3DCGソフトです。今も、「Blender」で制作する毎日がとにかく楽しいです。

「Blender」は、3DCGを作れる自由度が高いソフトです。動画の編集、風景やゲーム、建築などもできます。

操作しやすいところも気に入っています。日本語に対応していて、メニューも使いやすいです。

　レンタリング(抽象的で高次の情報から、コンピュータのプログラムを用いて画像・映像・音声などを生成すること)も、簡単なものからなら初心者でもわりとキレイにできます。

僕が一番気に入っているところは、精度を上げていくと、まるで現実の写真のようなフォトリアル作品を作れることです。最近はハリウッドの映画などにも、この「Blender」が使われたりしています。

　「Blender」を始めてから、ものの見方が変わりました。

3DCGで作られた映像などを見ると、「どう作っているのか？」「作れるか？」を考えるようになりました。現実の風景を見ても、「美しい」と思った時は、いつも「作れるか？」という視点で見るようになりました。

どうやったら3DCGでこの美しい風景を作れるかな？

　また、「Blender」は世界中にユーザーがいるので、ネットに作り方がたくさん発信されています。情報がたくさんあるので、自分で学習しやすいと僕的には感じています。

　英語のサイトでもよく探します。僕は英語がネィティブではありませんが、文字を含めた情報を目で見て、頭の中でカタチで処理して理解することが得意なので、感覚的に理解している感じです。

　しかし、「Blender」を始めて 10 カ月もしたら、だんだん僕が表現したいことと同じことをやっている人が少なくなり、自分で思考錯誤する時間も増えてきました。

●「Blender」

●左・初期のころの練習作品。電車を作れるようになりたくてドアの制作を練習。●右・8カ月後の電車の作品。

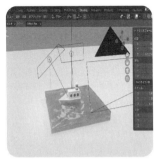

●左・水の質感の練習をするために水を作っていたら、船も浮かべたくなった作品。●右・ノード（各処理を構成する機能ブロック）、屈折や質感などを設定。

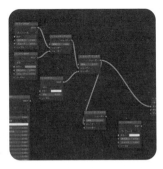

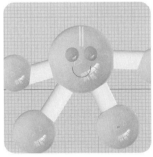

●左・「スシ24」の食堂車を再現。レトロなランプも設置。●右・まるぴー（P111）。ボディを透明にして、浮遊感を出してみた。3分くらいで再現。

●左・橋梁に線路を通した作品。ネジを1本ずつ再現し打ち込むのに苦労。●右・キレイな景色に感動して作った作品。自然に近づくように工夫。

「Blender」での作品作りのスタートは、元になるオブジェクトを出し、粘土のように引っ張ったり、いろいろカーブさせたり加工しながら複雑な形へと作り変えていきます。

幼少期の僕は、粘土が苦手でした。手先も器用じゃなかったので、頭の中のキレイに見えている世界を再現できず、ぐちゃぐちゃで何を作ったのか理解してもらえないので、あきらめて丸めて、梅干しやぶどう、おだんごなどと言ってごまかしていた部分があります。

僕は、「創作が好きではないんだ」と、先生たちからも親からですらも、わりと思われていたと思います。

家族から、「実はこんなにもやりたいことがあったんだ」と驚かれています。わかってもらえて嬉しいです。

今　昔

リアルに再現するぞ

お〜

うめぼし

でもそれは、僕が上手く使いこなせる方法じゃなかっただけで、

今は、PCの画面上で、思う存分に考えに考えて作品に取り組むことができます。幸せです。

映画のような大きなものを一人で作るのは難しいかもしれませんが、僕はいずれ映像を作りたいです。もちろん、3DCGで車や電車などが走る風景などもやってみたいです。

今は、まだまだ自分の技術を上げるためにも好きな形や風景の創作が中心ですが、進路を考えるにあたり、自分の技術が社会の中で何か役立てられないかを考えていきたいと思っています。

プログラミングの世界は
上手くできないことで上達する

● プログラミングは失敗しても書き換えられる

プログラミングは、少しでも指示が間違っていたら思ったように動かなくなるので、修正が必要です。最近は、打ち間違いをコンピュータがある程度は知らせてくれるので、便利だなあと思います。基本的なプログラミング言語だと自動で教えてくれます。

昔の僕は、小学校で緊張していた時みたいに、何かを「上手くやろう」、「みんなと同じ方法でできなきゃダメだ」と思っていた傾向があった気がします。

でも、プログラミングでは、作ってみてからより良く改良していくのが通常のことで、バグ（不具合）があったら直すのも通常なので、小さいころよりは、上手くできないことに対して冷静になってきた気がします。

情報を集めて、いろいろ試して、思考錯誤しながらゴールに向かって解決する以外に手段はない、そうすればいい、と思えるようになりました。

造形力を上げるためにも、新しいものをどんどん作り続けることで上達していく手ごたえを感じています。

● 使用しているソフト

　僕が主に体験・制作してみたソフトは、Scratch・UC-win/Road・Blender・Maya・Fusion360・Unity・Ruby・Illustrator・Photoshop・Minecraft（Mod を入れて拡張するとプログラミングもできる）・iPhone アプリ制作・Visual Basic・P5js などです。

　今は、将来の就職のために、「Maya」の勉強をしています。建物やリアルな部屋などを作る練習から、より細かい人を作る練習をしているところです。

　趣味では、基本的に「Blender」で 3DCG の作品を作っていることが多いです。

　高校に入ってからは、「p5.js」（ジャバスクリプトのアート版・無料）を使用したりもしていました。ホームページを開いたらすぐ取り組めるので、複雑なインストールで慌てることがないのもいいと思います。「p5.js」は、アート作品を作ることができます。X 軸（横）、Y 軸（縦）だけではなく、Z 軸（奥行）を増やすことができ、2D にも 3D にもできます。

　僕は、目的によって使うソフトを変えています。

ライトが
プログラミングと出会って

● 得意分野ができたことで

よく、「子どもがプログラミングをやっている」と言うと、「コンピュータ関係のお仕事ですか？」と聞かれます。しかし、私も夫も、プログラミング言語はほとんど書くことはできません。

もっとライトのやっていることがわかれば、良いアドバイスができるのかな？とわが身を嘆いたこともなくはないのですが、それがプラスに働いている部分もあります。私たちが何もわからないから、ライトのやることに「ダメだし」をしなくてすんだことです。

新しいことをどんどんのみ込んで覚えていくライトは、親の私たちができないこと、知らないことができるので、ただただ「すごいね！」と連発せざるを得ませんでした。

もし、初期のころに「そんなの誰でもできる」と否定的なことを言ったり、「もっとすごいものを作ったら」と高いことを要求していたら、ライトは大好きをあきらめてしまったかもしれません。

ライトは、いつの間にかタブレットやPCを使うことが、「自分は大好きだ」と思えるようになっていました。

SNSなどを見ると、「将来役に立つのか？」とか、「すごい人はもっといくらでもいるなあ」と比較しそうになりますが、本人が

好きで面白いと思えることが、将来に
どうつながっていくかはわからないし、
まずは楽しめればいいのかなと思った
りもします。

　また、「自分はこれが好き」「これな
らできそう」という安心感が根っこに
育ったことが、ライトの自己肯定感を育てるうえで大事だったのだ
とも思います。

　学校の先生方から聞いてはじめて知ったのですが、ライトは、
「校内の電気屋さん」的にいつの間にか役立っていました。

　小学校高学年のころには、学校でもプロジェクターと PC をつな
いで使ったり、調べ学習に全員 PC を使いましょうという機会も増
えてきました。

　機器が動かなくなったり、使い方がわからなかったりして、友だ
ちや先生が困ってしまった時に、「ライトさん、どうしたらいいと
思います？」と声をかけてくれたそうです。

　ライトが、解決方法を提案して実際にトラブルが解決すると、ク
ラスのみんなも先生もほめてくれる機会が増えたそうです。

　「自分でも役に立つことがあるんだ」と、困難が多い学校生活の
中でも、得意分野ができたことで自己肯定感が少しずつ育っていき
ました。

　また、学校行事でクラスの出しものをやる際には、すでにパワー
ポイントを使いこなしていたので、機器係もこなし、みんなと楽し
めたそうです。

● 日常生活にも変化が

　プログラミングは、いろいろなことができるようになっていくと、いつまでも本やテキストのコードをそのまま入力しているのではなく、「これがやりたいけれど、どうすればできるのか？」という疑問がわいてくるものだと思います。

　しかし、その「やりたいこと」の方法は、自分で考えなくてはなりません。自分で解決するためには、積極的に情報を探して、失敗をくり返します。そのおかげで、ライトに「主体的に学んでいく習慣」が身についていきました。

　例えば、ゲームを作りたいとします。プログラミングの場合、ゴールを決めてからさかのぼって、ひとつずつ動作に合う指示のプログラムを書いていきます。これで、物事の手順を常に整理していく習慣が身につきました。

　忘れ物が多いライトは、今日やらなければいけないゴールを決めて、そこに向かっていくために何が必要かを考えながら、ひとつずつ準備をして、荷物をカバンに詰めていくなど、普段の自己管理にも役立っています。

　また、プログラミングは、正確にコンピュータに命令を書かないと思ったように動かない特徴があるかと思います。間違えた時には、「長いコードのどこが間違っているのか？」を見ます。

　これで、起きた問題を解決するために、注意深く物事を見る習慣が身につきました。

　「よく確認する習慣」は、学習から日常生活まであらゆるところで使えるスキルだと思います。

　問題が起きて、わけがわからずパニックになりそうになった時に、「何が原因なのか？」を確認しようとする習慣がついたことで、まずは「冷静に調べること」がライトはできるようになりました。

　ライトは、実に想像力豊かな子どもでしたが、残念ながら子どもがよく楽しむ遊びの「絵」が上手く描けませんでした。

　何か創作したいけれど、できないから、幼少期は多くの本を読んでいたらしいのですが、PCでいろいろなことができるようになり、小さなころの分も回収しているのではないかと思うほど、毎日自分の作品の創作を楽しむようになりました。

　人と比べて、優れているか、優れていないかというより、大好きなことをライトが見つけたことが、私は嬉しいです。少し距離を取りつつ、親としてこれからも応援して見守っていきたいです。

　ライトをここまで育てていく過程で、たくさんの方々にお世話になりました。関わってくださった全てのみなさまに心よりお礼申し上げます。ありがとうございます。

　私の両親へ、大変だった子育てを支えてくれてありがとう。娘と夫へ、たくさんの思い出をありがとう。ライトへ、生まれてきてくれてありがとう！これからも、よろしく！

「みんなちがって
みんないい環境」を

● それぞれの成長に合った学びの場が選べたら

どちらかと言えば、僕は学校の外のほうが自分の好きなことを話せたように思います。僕にとって、社会の居心地は必ずしも良くはないので、学校の外がいいってわけでもありません。

しかし、外で学ぶ環境は、みんなと同じペースで進まないといけないわけでもないので、一人だけペースがちがうことに緊張する必要もありません。

こうしないとダメ、この方法じゃないとダメと怒られることもなかったので、安心して学ぶことができました。だから、イキイキとしていられたのだとも思います。

「みんなちがってみんないい」とよく聞きますが、日本の学校では、あまり自己アピールをすることは美徳とされていないように感じます。何かができすぎてしまうことが、時にはたしなめられてしまったり、生意気と思われてしまうこともあると思います。

ギフテッドの人たちは、自分が好きな分野の知識や技術は学校の先生や大人のレベル以上に突出している部分があります。できすぎる子、進みすぎる子は、何年もみんなの成長に合わせて待ち続けるしかないのが現状だと思います。みんなが同じペースで進んでいく日本の学校文化で、苦しんでいる人もいると思います。

　例えば、小学生でも専門分野に関しては、大学（オンラインでも）を活用するシステムがあったり、それを、学校に出席していることと同じ努力と公に認めてもらえれば、安心して得意分野の勉強を進めていける人もいるかもしれません。

　スポーツの分野は、全力を出し切ることに理解があると思いますが、勉強や得意分野のある子どもたちも、もし本人が望むなら、まわりの人たちに学び方や進度を相談できて、結果的に先に進んでも叱られない学びの選択肢があるといいと思います。

　ギフテッド教育が進んでいる国に比べると、日本はまだまだスタートラインに立つ場所にいるのかもしれません。だから、ギフテッドのイメージが固定されたり、誤解されたりしてしまう前に、「一人ずつちがうと、わかってもらうチャンスはある」と僕は期待しています。

　一人ひとりの成長、理解に合わせた学びができる環境が、学校にできることを願っています。

さいごに

おかげさまで、これを書いている今、僕は 16 歳になりました。

僕が通っている高校では、学習でタブレットを使うことが全員あたりまえです。通学かオンライン授業かを選択できるのですが、僕はほぼ毎日通っています。

また、IT 系の大学に通えるコースがあり、週 1 回は大学のプログラミングなどの授業を受けられていて、とてもうれしいです。

僕の高校は、1 年間の学習スケジュールをある程度自分で決めることができます。家族は、僕が自主的に勉強をちゃんと進められるのか？と思ったようですが、高校 1 年、2 年と、夏休み前には 1 年分のカリキュラムを終えることができました。タブレット学習で、すごいスピードで勉強が進められました。

日々のスケジュール管理も、全員あたりまえにタブレットを使います。忘れやすい僕でも、タブレット 1 台で全ての学習状況や学校との連絡やお知らせを確認できるので、自分の予定を管理することが苦ではなくなりました。これには、僕も驚いています。

タブレット 1 台に全てが集約されているため、プリントがなくなって探したり、先生に用紙を提出するのを忘れたりと、アナログでの作業がほとんどなくなったことが大きいと思います。

午後の授業がない日は、ダブルスクールしている PC 教室で黙々と3DCG の「Maya」を勉強したり、「孫正義育英財団」の施設で興味のある分野の研究計画を立てたり、学校と両立し充実しています。

僕は、小さいころからいろいろな体験のきっかけを両親にもらいました。思い出すと、とにかくよく出かけて遊んで、楽しかったなあと思います。今も出かけるのが大好きです。ただ、親と出かけることは、もうあまりありません。

　最近は、鉄道に乗るのが好きな僕は、中学時代の友人と計画して旅に出たり、乗ること自体が僕の目的のひとつなので、距離が長すぎてハードすぎる旅を楽しんだり、珍しい鉄道に乗るのも趣味なので、休みには遠出したりして、楽しい日々を送っています。高校で知り合った友人たちも、やっぱり鉄道が好きなことが縁です。

　何かひとつでも、自分が好きなことが見つかると、毎日が楽しくなります。たとえそれが、一人で完結できてしまうものだったとしても、同じようなことが好きな人たちと出会うきっかけになってくれたりします。

　未来は不確定だし、将来への不安は尽きないのですが、好きなことを見つけられた僕は今、幸せに生きられています。

　最後に、今までお世話になった皆さま、僕を支えてくれる全ての人たちに、心から感謝しています。

　また、長年いつも僕を支え理解してくれる家族へ、ありがとう。

　本書を作るにあたって、何度もていねいにアドバイスしてくださった、ぶどう社の市毛さやかさんもありがとうございます。

　そして、本書を手に取ってくださった読者の皆さまにも、心から感謝申し上げます。

2023 年 11 月　森下 礼智

著者

森下　礼智 （もりした　らいと）

2007 年、東京都文京区生まれ。
IQ が平均より高い傾向がある。特に言語性と空間認知能力が突出していて、物を回転、展開して考えるのが得意。2018 年、「公益財団法人 孫正義育英財団」2 期生合格。苦手なことがあり、小学校時代は悩んだが、ICT を駆使して現在は乗り越えつつある。趣味の合う友人たちと鉄道に乗る旅や、3 DCG の作品作りが大好きな高校生。

● 受賞歴
2015 〜 2021 年、「FORUM 8　DESIGN FESTIVAL　ジュニア・ソフトウェア・セミナー表彰式」VR の作品小中学生【金賞】を連続受賞
2018 年、「科学技術振興機構 ジュニアドクター育成塾 サイエンスカンファレンス」【特別賞】【アイディア賞】を W 受賞
2018 年、「サイエンスキャッスル 2018 関東大会」【研究奨励賞】受賞
2021 年 、「公益財団法人 日本科学協会サイエンスメンタープログラム」【特別賞】受賞

● テレビ出演
2017 年、TOKYO MX「パックン＆河北麻友子のあつまれ！VR フレンズ」
2019 年、「わたしは、FORUM 8」CM 出演
2020 年、NHK E テレ「又吉直樹のヘウレーカ！」　など

@RAITO.MORISHITAE

苦手と得意が激しい僕が好きなことを見つけたら
毎日が楽しくなり将来が見えてきた
「みんなちがってみんないい」ってなんだろう？

著　者　　森下　礼智

初版発行　　2023 年 12 月 10 日

発行所　　ぶどう社
　　　　　編集／市毛　さやか
　　　　　〒 154-0011　東京都世田谷区上馬 2-26-6-203
　　　　　TEL 03 (5779) 3844　FAX 03 (3414) 3911
　　　　　ホームページ　http://www.budousha.co.jp

印刷・製本／モリモト印刷　用紙／中庄